OBEEZON

THE SUMMER CHALLENGE

WORD SEARCHES PUZZLES FOR ADULTS.

THIS BOOK BELONGS TO :

....

C Z O B K J M Q S L A K E P I G X I N J
J Z N N Y Z M I A M I O Z H H Q W Y X O
A L O U I S V I L L E O G I D N A H G V
C C H A R L O T T E T L J L F O S A V M
K H S F D M E M P H I S G A I W H I K I
S G R S A C R A M E N T O D A K I N A L
O P W B N D A L L A S D J E T M N D N W
N H A O C H I C A G O E G L L Z G I S A
V O A S E A T T L E N N R P A D T A A U
I E U H O U S T O N A V O H N S O N S K
L N S Z B C C U R P S E D I T A N A U E
L I T K B B O C C O H R E A A G X P I E
E X I T A O L S O R V J T H H J W O I M
I X N O L S U O L T I I R X N J S L W X
X Y Y F T T M N O L L I O Y V V W I O I
I D C D I O B D R A L Q I W D U G S H M
M E S A M N U J A N E J T U G U Q K N K
L X C X O A S S D D B I R W B C L S L K
M R K F R E S N O G P S O Q E Y W B Q B
M S P N E Y C A L B U Q U E R Q U E X U

WASHINGTON, MEMPHIS, PHILADELPHIA, AUSTIN, DENVER,
HOUSTON, FRESNO, CHARLOTTE, INDIANAPOLIS, BOSTON, KANSAS,
MIAMI, MESA, DETROIT, NASHVILLE, COLUMBUS, ALBUQUERQUE,
CHICAGO, ATLANTA, PHOENIX, SEATTLE, JACKSONVILLE, PORTLAND,
DALLAS, TUCSON, BALTIMORE, LOUISVILLE, COLORADO, MILWAUKEE,
SACRAMENTO

A U R O R A Q L C R C W G E J Z H Z T T R Q
S D J T A M J F R G R E E N S B O R O I O J
U R D I A W I Z E M L R P N C C N A V M M E
L U C K Z V N L K D S M G E L G O A P O A T
W M I N N E A P O L I S D W C E L L T V H S
H A N C H O R A G E E C W   Y X U I P E A T
R F J T Q D Z F W R Z R M O M M L B H J U O
D B A K E R S F I E L D H R M F U A I W L C
C O E T I C O C S M M A R L I N G T O N E K
O A D O Q I R N E W A R K E T P Z I I O P T
R K U Z J N L I U T K V C A U L J T X J C O
P L R A G C A T G Z M I P N L A C O G B U N
U A H N L I N C O L N R O S S N U G U Q Q F
S N A A Q N D C F H H G L F A O I M X N K P
  D M H D N O L T W E I P I T T S B U R G H
C H X E O A I E A Q N N W I C H I T A D D V
H F V I H T B V M X D I S R I V E R S I D E
R V A M X I D E P I E A T T D O C U G P X V
I E D E P G N L A T R B H V F P J T K W D S
S S A N T A   A N A S H U I J O C V Q N Y Z
T W W I R V I N E I O C U S R N R R J V A J
I O O F P Q O D G H N L E X I N G T O N L V

DURHAM, NEW ORLEANS, ANAHEIM, LINCOLN, BAKERSFIELD,
ANCHORAGE, HENDERSON, OMAHA, PITTSBURGH, STOCKTON,
CINCINNATI, OAKLAND, ARLINGTON, IRVINE, ORLANDO,
MINNEAPOLIS, TULSA, GREENSBORO, RIVERSIDE, CLEVELAND,
TAMPA, LEXINGTON, HONOLULU, SANTA ANA, PLANO, NEWARK,
CORPUS CHRISTI, WICHITA, VIRGINIA, AURORA

A U C O J N W R F R E M O N T B T P E H D
R J M E W O Y F A Y E T T E V I L L E J Q
O E T N A B U F F A L O A W Q Y O J A M F
C R R N U H C N Q A O K C B Q K B D R V L
H S S Z K E E O R M R X O O H I A L E A H
E E R P C R K R X A I C M X M O D E S T O
S Y S Y W M S F X R C P A N E R B T Z J S
T W E W N O T O R I H Q M A N E Y Z B X G
E E A M Y R K L X L M H S R J N R N R C J
R V S W F E I K J L O X Z D G O N N C S G
B Q O C O N W W E O N G H D K K U O A I A
H K F P N O P D C E D G G L E N D A L E R
Z Y V X T R U M N T L W R P G C B A J L
Q V D E A V M G C D D R D L G W H O R S A
U Z P M N A A Z K C H A N D L E R I E F N
H W Q I A L D R I A U R P W Z R O S D I D
P B A R U L I N N S P O K A N E J E O H K
D V Z V C E S H N C S C O T T S D A L E O
Y F U I V Y O Q E K L U B B O C K O S G V
F U Y N S Z N F Y E X G I L B E R T I M B
S G F G K K V B I R M I N G H A M F P F W

MODESTO, FONTANA, MCKINNEY, TACOMA, RENO, GLENDALE,
ROCHESTER, BIRMINGHAM, MORENO VALLEY, LAREDO, LUBBOCK,
GARLAND, SPOKANE, SCOTTSDALE, NORFOLK, FAYETTEVILLE,
JERSEY, RICHMOND, AMARILLO, HIALEAH, OXNARD, GILBERT, BOISE,
CHANDLER, BUFFALO, IRVING, MADISON, FREMONT

P F M T C W H K A L E X A N D R I A C
M R C J O J U N K S O L J H H M P G X
E C V Q C W N O T A N A C A S O B Q Q
G L A X E O T X S L T K V Y P F R Y H
M Q N B A R S V A E A E M W R J O L R
O U C L N C V I K M R W O A I H W C O
B K O L S E I L R S I O N R N U N T W
I T U A I S L L O J O O T D G T S M S
L X V N D T L E N M Q D G G F E V E I
E C E C E E E J A C K S O N I M I H O
N R R A U R F R I S C O M W E P L E U
A U M S T P K M O S W O E X L E L U X
M A H T T T P W F O G E R G D Y E G
N F C E Z J K R E U O T Y O P Y L E F
D C W R P K S H R E V E P O R T R N A
M A Y O P E O R I A U Z J X X M O E L
M R X A I W X U P R O V I D E N C E L
I Y D I J Y U E D J O J P R A V Y C S
M N T A L L A H A S S E E E J N H C S

SIOUX FALLS, WORCESTER, VANCOUVER, BROWNSVILLE,
PROVIDENCE, MOBILE, JACKSON, PEORIA, SHREVEPORT, FRISCO,
MONTGOMERY, KNOXVILLE, LANCASTER, TEMPE, EUGENE, AKRON,
SALEM, ALEXANDRIA, LAKEWOOD, OCEANSIDE, CARY, SPRINGFIELD,
HUNTSVILLE, HAYWARD, ONTARIO, TALLAHASSEE

Z A R Z W P A S A D E N A M B V C O I C
J H X I O R A N G E M M Z Z S H L Q F O
S T R N X V W S C Q I J O L A T H E B U
R R O S E V I L L E D O D V I S P N R J
P L K C P O M O N A L K N Q D Y A A I O
V M X L K Y K K Y X A W A C O R L P D L
S P H A X J M L T F N P J F Q A M E G I
D S U R P R I S E K D M V S E C D R E E
T S F K N E R O C K F O R D P U A V P T
O U F S I S A T K I L L E E N S L I O U
R N D V F C M D U T S C H K W E E L R R
R N E I A O A F D H Y H I V K N H L T U
A Y N L F N R J I O M A I W F Q M E M P
N V T L S D A M U R F R E E S B O R O V
C A O E Z I Q F J N F L M E S Q U I T E
E L N U L D E A O T U E K M C A L L E N
G E Y P C O V R K O L S P A T E R S O N
B E L L E V U E T N X T K Q P U R J O M
Y K A S A V A N N A H O W G K O J D T D
V F U L L E R T O N B N D Y J N X F J U

MURFREESBORO, SYRACUSE, OLATHE, BELLEVUE, JOLIET, PASADENA, MCALLEN, NAPERVILLE, ROCKFORD, WACO, SURPRISE, MIRAMAR, DENTON, MIDLAND, SAVANNAH, SUNNYVALE, ESCONDIDO, MESQUITE, CHARLESTON, KILLEEN, THORNTON, ORANGE, POMONA, TORRANCE, BRIDGEPORT, FULLERTON, PATERSON, PALMDALE, CLARKSVILLE, ROSEVILLE

I T L X X R J W B Z V G C S U O V D F N W
C A L C U L A T I N G U F X I D F R M R G
J F C G A I N E S V I L L E M Q K Y J F Y
D F O E N N K Z C Z A E P X A I G I O I O
H Y R C H P H I I U Q C W E L R S M O R Z
M W A L W G I X C H U B B Y E Q Y M U S C
E U L O P F G J I D I O T I C T V O T T V
R K U B C H V H A N D S O M E L Y R E S
E S S D U O F P I P Z P V W N J F U A D Z
L E P Y S L A T H A L T I N G N R A G N D
T C R B X U L J B C C I S D R U N K E Q Y
N O I J C M U B K D A N A P A L E J O Z U
K N N T W B T E L B R Q L H I D E O U S M
M D G Z N I I S A D R U I Z C Z S T S X A
C S S R X A N Q S I O I A M X F T H W R T
W I N N O C E N T S L S W Y G L R A L N U
G R A N D I O S E C L I O S E G A D E T R
A E E T Q T S J J R T T Y J R A N S G Q E
W A I T I N G X A E O I F Z I B G L U Y Q
D I F F E R E N T E N V X J K W E Z X V W
W E L A S T I C Q T Z E W V D U R G E T Q

CARROLLTON, HIGHFALUTIN, STRANGE, COLUMBIA, VISALIA,
HIDEOUS, ELASTIC, MALE, MATURE, HALTING, HANDSOMELY, SAD,
OUTRAGEOUS, GAINESVILLE, DISCREET, INNOCENT, SECOND, IDIOTIC,
MERE, CHUBBY, FIRST, CALCULATING, CLOUDY, DRUNK, WAITING,
CORAL SPRINGS, PALE, GRANDIOSE, INQUISITIVE, DIFFERENT

U Y W U S C A G E Y J O Y N F S J B W

J E U S H J Z K R H Z L F F R U T Z I

N N N L I J V U E J U G I Q S O K D T

A E V K L W M R D H I L C H U B B Y I

V X K T A I Q V H A N D S O M E L Y M

T N D S R N A D H E S I V E O V F F T

B N R A I S S H P F L M A T U R E A J

R E U D O I F A O N V W S H T E E F P

S B N W U D R L W I C A P M R G A A E

T U K N S I U T E N E I I E A R V S F

R L I P H O M I R N L T R R G A A C U

A O K F K U A N F O A I I E E N I I C

N U X K W S L G U C S N N Y O D L N L

G S S C A R E D L E T G G M U I A A O

E Y F I R S T M I N I C F G S O B T U

O G U L L I B L E T C Y B U N S L E D

O I Z K Q L Y I N G K P M W P E E D Y

O M T O F W S I N Q U I S I T I V E E

M R N I S G M A H I D E O U S Q D Y B

SCARED, HANDSOMELY, NEBULOUS, INSIDIOUS, OUTRAGEOUS, CAGEY, CHUBBY, MERE, ADHESIVE, HALTING, SAD, ELASTIC, MALE, POWERFUL, HIDEOUS, GRANDIOSE, STRANGE, FASCINATED, INNOCENT, GULLIBLE, ASPIRING, MATURE, INQUISITIVE, CLOUDY, WAITING, DRUNK, AVAILABLE, FIRST, HILARIOUS, LYING

R E D E L I G H T F U L W P X X R T I

T X Y N N O Q E S T R A N G E H P P N

W D J D X J D I S C R E E T F A P E Q

A R H I E C F G X Y U M D R Y N V W U

I U I F Q O A S L L S B X A E D I N I

T N D F G M S C I K J U F D H S T W S

I K E E U M C A H M A L E H H O H Z I

N K O R L O I R I A Q A M E C M A W T

G E U E L N N E G H N R W S C E N N I

W Z S N I F A D H I X O O I W L K F V

J H J T B Z T E F L Z M Z V B Y F O E

U U T A L I E S A A I A M E R E U S V

B A D Y E E D G L R D T R S F I L R P

J K S I F Q Z B U I I I G R O O V Y T

A S P I R I N G T O O C S X P B B Z B

H H U C S O S D I U T P O W E R F U L

F W C Z W X I Y N S I I N N O C E N T

U N P C A G E Y E U C O F O L C J P I

X L O U T R A G E O U S P D V M Y W X

GULLIBLE, THANKFUL, SCARED, OUTRAGEOUS, DRY, BAD, DRUNK,
MERE, DIFFERENT, HIGHFALUTIN, ADHESIVE, IDIOTIC, DISCREET,
GROOVY, ASPIRING, DELIGHTFUL, STRANGE, POWERFUL, CAGEY,
MALE, HANDSOMELY, INNOCENT, HIDEOUS, HILARIOUS, AROMATIC,
COMMON, INQUISITIVE, FASCINATED, WAITING

S T R A N G E F H Z N M R N G D T T
C O X R X X F D I Y E O L R U I E A
C L O U D Y A B D J M J P J L S K S
M E P Q R I S T E S Q C A U L C P P
F I R S T D C D O Q Z D F P I R K I
E Q T K C I I G U U H D R I B E B R
F G V G H O N I S N I K G W L E V I
I R I A U T A V A I L A B L E T K N
N A I O B I T Y I T A R L Y I N G G
N N T R B C E F T E R A D E Z L I V
O D D E Y R D A K D I B R L M E R E
C I R T S N E B U L O U S A C N H B
E O U M A L E V U A B S S D S A R
N S N W A I T I N G S J C T K C L K
T E K U B K N C A G E Y A I Z A T A
T H A N K F U L N B K B R C G N I O
M A T U R E E D M E P C E J R S N G
Z L E Y I I F H Q S S A D D L C G K

INNOCENT, HIDEOUS, IDIOTIC, FIRST, LYING, MALE, GULLIBLE,
SCARED, AVAILABLE, CAGEY, ELASTIC, FASCINATED, STRANGE,
WAITING, ASPIRING, THANKFUL, GRANDIOSE, HALTING, HILARIOUS,
NEBULOUS, MATURE, CHUBBY, SAD, MERE, DRUNK, DISCREET,
CLOUDY

H I N C P C L O U D Y U R S I F N R D
E D E S T R A N G E W D H E P I V Z I
L I B H Z T E P L N C A I C A R K Z S
A O U V X K O L Y F E V G O L S W T C
S T L H A L T I N G U A H N E T N P R
T I O V Q C A G E Y D I F D G T M O E
I C U G L V C A L C U L A T I N G W E
C A S J Y Z R R S B P A L N X W X E T
G R A N D I O S E I Z B U B C H Z R S
W A I T I N G W P N R L T D G N P F I
M A L E O D A M E Q L E I S W E R U T
M O K G H I D E O U S K N Z A U H L B
E B L U N S H V D I T H A N K F U L E
G F K L G G E P C S S C A R E D B X
W I T L D U S M M I A G B R A A A O P
Y D H I J S I G H T D I G K B U V K B
B K E B D T V S U I G O D L Y N O M P
C G M L D E E V B V H I L A R I O U S
R O B E S D V I N E L A S P I R I N G

HIDEOUS, AVAILABLE, GODLY, SCARED, CALCULATING, SECOND,
MALE, INQUISITIVE, NEBULOUS, GRANDIOSE, IDIOTIC, THANKFUL,
DISGUSTED, CAGEY, CLOUDY, HIGHFALUTIN, POWERFUL, HILARIOUS,
ELASTIC, PALE, STRANGE, WAITING, GULLIBLE, HALTING, SAD,
DISCREET, FIRST, ADHESIVE, ASPIRING

J I N Q U I S I T I V E N D C F E K U
C Z V F P Z G L A G R T I R H I U C O
Y E L A S T I C D M D A A U U R T K I
P S T R A N G E H A D F D N B S I Q N
C I Q D E O X E E L I Y I K B T N E S
C L V J U U G R S E F O S L Y H N U I
A H U T U R C I Z F R C K C G O X D
G S A D W R A A V A E M R M Z S C M I
E A G H I A N S E F R E E P A L E X O
Y E U A M G D P G B E R E A F X N M U
O P L N H E I I H N N E T B J G T T S
E O L D I O O R O K T E M Y D L J H A
P W I S L U S I M A T U R E Q F F A U
E E B O A S E N W A I T I N G L B N B
R R L M R B Z G T R S H A M X G I K H
S F E E I F A S C I N A T E D R X F N
S U M L O Z W H A L T I N G X I N U R
D L W Y U H G N G O D L Y P G P D L T
Y C J E S V Q L L L Y I N G P R D A Z

GRANDIOSE, INNOCENT, HILARIOUS, ASPIRING, THANKFUL, MALE,
SAD, GULLIBLE, HANDSOMELY, GODLY, INSIDIOUS, ELASTIC,
DIFFERENT, POWERFUL, STRANGE, MERE, DISCREET, OUTRAGEOUS,
PALE, WAITING, CHUBBY, MATURE, LYING, CAGEY, FIRST,
INQUISITIVE, HALTING, DRUNK, ADHESIVE, FASCINATED

E M A T U R E R O E W K W H B B T C K
E E X D W Z A X P G A D I S C R E E T
N E B U L O U S O L I F Z E T U Z P Y
I N N O C E N T W X T I M I H Y Z U T
S I F A G O W S E V I R E H T K D T J
K D K D U K O A R N S R I L Y I N G
S I H H L E U D F P G T E L H B U J D
R O I E L O T S U P A L E A A F L D I
I T D S I N H A L T I N G R N A A I H
C I E I B F Q D R U N K L I D S S F I
S C O V L J K V M Q S I P O S C P F G
E U U E E A G H A D K R Z U O I I E H
C G S A M A L E D K A U C S M N R R F
O A I N Q U I S I T I V E U E A I E A
N L O Z K Y S T R A N G E J L T N N L
D E D V Z Y G V B H F J S K Y E G T U
P K C A L C U L A T I N G Q E D M T T
Q E J Y B Q K Z N E L N S C A R E D I
X Z F C A G E Y H F Z I I L T W S N N

HILARIOUS, INNOCENT, MALE, POWERFUL, HALTING, GULLIBLE,
DRUNK, LYING, SECOND, MATURE, FASCINATED, SCARED, CAGEY,
INQUISITIVE, HIDEOUS, DISCREET, HANDSOMELY, STRANGE, PALE,
DIFFERENT, WAITING, ASPIRING, IDIOTIC, HIGHFALUTIN, NEBULOUS,
ADHESIVE, CALCULATING, MERE, SAD, FIRST

N H J H C H P R B R J A J N V I A Y C
S I G I A A A S T R A N G E X N D E L
E L O G L N L M A T U R E B U S H E M
C A K H C D E U U A F K I U J I E H M
O R S F U S Z S T S N Y O L M D S C O
N I C A L O B A H P I D O O Q I I H U
D O A L A M O D A I D I G U O O V U T
J U R U T E Z L N R I F C S P U E B R
U S E T I L S G K I O F H G N S M B A
R X D I N Y G P F N T E D G O D L Y G
R K C N G Q D J U G I R P J N K C E E
D F I F I R S T L D C E O Z C V V U O
Q F D R Y X W A E C M N W R L D Q O U
G U L L I B L E I A E T E W O E M G S
O I N Q U I S I T I V E R V U T R L U
I W A I T I N G H K U F F N D P F C E
R B A A V A I L A B L E U I Y N S W O
G E B D I S G U S T E D L F O Y I A E
U D I S C R E E T Z L B S Q Q X Z Z P

POWERFUL, FIRST, CHUBBY, OUTRAGEOUS, DISGUSTED, GULLIBLE,
IDIOTIC, HILARIOUS, WAITING, DRY, AVAILABLE, HIGHFALUTIN,
CLOUDY, SAD, NEBULOUS, SECOND, HANDSOMELY, THANKFUL,
INQUISITIVE, PALE, CALCULATING, SCARED, GODLY, MATURE,
INSIDIOUS, DIFFERENT, DISCREET, STRANGE, ASPIRING, ADHESIVE

```
L U W T S I H M A T U R E A Z K X C H
L A A D T D A A D H E S I V E G U D Q
D M I R R I L L K A H I J I O H K K J
R C T U A O T J F X I T I N X V V B Q
M S I N N T I P R R G Z J N J A D D I
W C N K G I N F L E H F S O S V I U N
M A G N E C G A U F F G I C Q A S S Q
H R F H C H U B B Y A J N E H I G O U
J E W G N G H R L G L F S N D L U U I
A D G U L L I B L E U D I T I A S S
R Y E G J X K B I R T I D H F B T R I
O H I L A R I O U S I S I L F L E A T
M Q F H I D E O U S N C O U E E D G I
A G O D L Y G O S P T R U D R G E E V
T B O H W D R Y A F T E S B E G Y O E
I K L Y I N G M D I W E D W N Y Z U I
C R V C Z T M A F R I T P B T G E S U
L G V V W S M L J S X M I F K M W O N
A J H O J T Z E J T V P O W E R F U L
```

DISCREET, LYING, CHUBBY, SCARED, INNOCENT, OUTRAGEOUS, HIDEOUS, HALTING, MATURE, MALE, STRANGE, GODLY, DIFFERENT, INSIDIOUS, DISGUSTED, AVAILABLE, HIGHFALUTIN, ADHESIVE, IDIOTIC, POWERFUL, GULLIBLE, FIRST, AROMATIC, INQUISITIVE, DRY, SAD, HILARIOUS, WAITING, DRUNK

```
E  X  Z  T  Z  P  E  S  N  Y  Z  W  F  S  P  G  M  G  M
V  Y  A  X  V  O  I  S  J  E  J  Y  A  N  W  U  E  J  W
W  M  Z  G  L  W  Y  V  D  L  L  C  S  S  Y  J  R  R  Y
I  N  N  O  C  E  N  T  R  A  W  K  C  K  J  Q  E  O  B
N  M  A  T  U  R  E  D  U  S  A  Q  I  F  R  A  J  S  S
K  C  Y  Z  X  F  I  I  N  T  I  J  N  A  D  O  A  F  I
G  Y  X  S  J  U  I  F  K  I  T  H  A  N  K  F  U  L  W
S  D  Q  A  G  L  D  F  M  C  I  Z  T  L  F  I  R  S  T
C  L  O  U  D  Y  I  E  E  U  N  I  E  A  P  R  A  V  H
O  D  V  Q  R  H  O  R  E  Q  G  C  D  D  K  U  O  J  I
U  I  I  Q  R  A  T  E  R  F  N  H  F  H  O  S  A  D  G
T  S  N  R  E  H  I  N  J  S  C  A  R  E  D  O  J  N  H
R  G  S  M  X  G  C  T  U  U  U  O  Z  S  Y  S  L  E  F
A  U  I  H  A  N  D  S  O  M  E  L  Y  I  V  T  E  B  A
G  S  D  C  H  I  L  A  R  I  O  U  S  V  F  R  C  U  L
E  T  I  A  X  Z  D  N  K  J  F  P  H  E  Q  A  W  L  U
O  E  O  G  A  S  P  I  R  I  N  G  L  U  U  N  J  O  T
U  D  U  E  G  U  L  L  I  B  L  E  L  E  V  G  N  U  I
S  G  S  Y  R  Q  T  R  B  C  H  U  B  B  Y  E  S  S  N
```

SAD, ELASTIC, HANDSOMELY, DRUNK, CHUBBY, ASPIRING, WAITING,
INNOCENT, ADHESIVE, CLOUDY, THANKFUL, FIRST, DIFFERENT,
STRANGE, IDIOTIC, HILARIOUS, SCARED, POWERFUL, DISGUSTED,
HIGHFALUTIN, FASCINATED, MATURE, GULLIBLE, OUTRAGEOUS,
CAGEY, INSIDIOUS, NEBULOUS, MERE

O C M A V Z V E L P E L A S T I C Y L
D H U S V U G T S Y P M A L E M F T P
I A W P D L L C B U N J C O F K I Y A
S U G I R V C H U B B Y A F L H R F L
G M A R Y A V A I L A B L E M A S J E
U Y I I G U L L I B L E C P G L T A L
S R M N K O I Z S U V M U Z I T M C P
T O P G K M N O K I H I L A R I O U S
E O T U S R Q U S T T K A B I N E A U
D M S C R C U T T A U E T C D G O Y T
F E V E A H I R R D G H I C I U A T L
B R X H N C S A A H O I N N O C E N T
J E R P P A I G N E D D G N T C B C F
O Q C W Y G T E G S L E L H I U K M U
G M L Z B E I O E I Y O U L C M S A K
M F O C H Y V U I V E U R Y V A R T S
D T U S G P E S C E R S X I S R G U K
T G D I S C R E E T B Q O N J M S R Q
P K Y H A N D S O M E L Y G K S Q E J

ASPIRING, DRY, CAGEY, STRANGE, MERE, FIRST, GODLY, AVAILABLE, HILARIOUS, INNOCENT, LYING, DISGUSTED, CALCULATING, HANDSOMELY, IDIOTIC, ADHESIVE, DISCREET, CLOUDY, PALE, MALE, MATURE, INQUISITIVE, HIDEOUS, GULLIBLE, OUTRAGEOUS, ELASTIC, CHUBBY, HALTING

E U M I V A F F L R Z N E B U L O U S

K N U E V V M T P A W I D I O T I C K

Y O B N H A L T I N G H X J C W F T B

H T G V H I N Q U I S I T I V E C H I

A C R B I L M I N N O C E N T J A A H

N S A D D A I V S U S A T A G M L N W

D L R S E B A G C A G E Y Q U Q C K F

S L L D O L X F I R S T M D L X U F A

O L I I U E W I L U J A A R L W L U S

M A Y M S Y Q Q N S Y D T U I H A L C

E D I S C R E E T T I I U N B I T E I

L P A L E W L L A R D F R K L L I A N

Y O C R C Y A S A V F E T E A N Y A

T W L M Q V I S P N A E T F M R G Z T

D E O A Y U N T I G G R A N D I O S E

B R U L S O G I R E M E B S F O L M D

G F D E X R M C I A F N W S C U E J V

E U Y R G X W D N O J T K L H S P G R

L L M O X U Q N G I N S I D I O U S W

DRUNK, HANDSOMELY, STRANGE, MATURE, THANKFUL, DISCREET, HIDEOUS, GRANDIOSE, FIRST, SAD, INQUISITIVE, FASCINATED, PALE, CLOUDY, HILARIOUS, HALTING, CALCULATING, AVAILABLE, CAGEY, DIFFERENT, GULLIBLE, ELASTIC, POWERFUL, NEBULOUS, IDIOTIC, ASPIRING, INSIDIOUS, MALE, LYING, INNOCENT

D H G B S G R A N D I O S E O K I E Q
T I U T Q E P S S E C O N D Y A C C F
H S L I N N O C E N T C G X D W H B T
A X L Y L C A G E Y J A J N F F I X R
N J I R U S H S N X Q L G Q J Q G N F
K S B O I D I O T I C C W S F A H U T
F L L X F B L C G W M U M A L E F X L
U Z E S A D A H D P B L I P K Y A L Y
L D Q H D W R U W A V A I L A B L E W
G O D L Y I I B M L U T N W A N U R W
C L O U D Y O B Y E E I D Q D E T D A
V F I R S T U Y Y B Z N W O R B I Y I
J Z A D H E S I V E L G A B U U N H T
J Y R Y F D I F F E R E N T N L E V I
L X B S D P O W E R F U L E K O N P N
Z O U T R A G E O U S X D E N U M S G
G E F B D I S C R E E T C I Z S Z L F
C P Y I Y W I N Q U I S I T I V E P W
K A D I S G U S T E D R W H P R A E F

DIFFERENT, INQUISITIVE, DISGUSTED, CALCULATING, HILARIOUS, AVAILABLE, WAITING, GULLIBLE, GRANDIOSE, CAGEY, OUTRAGEOUS, HIGHFALUTIN, CHUBBY, SAD, MALE, GODLY, FIRST, NEBULOUS, THANKFUL, POWERFUL, IDIOTIC, SECOND, INNOCENT, PALE, ADHESIVE, CLOUDY, DRUNK, DISCREET

J I J H A D M X R I N N O C E N T Y Y
Q I C I B V I L P O W E R F U L Z Y G
E E W D D J W X E L A S T I C X I H O
D B U E C L O U D Y K S K O I E W Z D
L V X O S R T M A T U R E A M P J D L
X P O U Y E H P K E U Y L V K O J I Y
E O T S G R A N D I O S E A D U N F T
C F A S C I N A T E D I H I I T D F M
O V D S K D K R D L B N I L S R I E T
F R S U Q M F A C G W F L A C A S R W
N Y N Q V E U S Y P H I A B R G G E P
H Y E V G R L P D R Y R R L E E U N S
A O B X C E G I I Y R S I E E O S T A
L T U T A R T R P N W T O U T U T R G
T L L G G M V I A I Z A U W Q S E F B
I Y O O E F Y N L D K H S F G C D T L
N I U J Y W X G E H A N D S O M E L Y
G N S G B S H O G U L L I B L E G S S
L G K W A I T I N G E E C Z N Z N I K

HIDEOUS, POWERFUL, LYING, AVAILABLE, ELASTIC, WAITING,
CLOUDY, FASCINATED, ASPIRING, HALTING, DIFFERENT, MERE,
DISGUSTED, GRANDIOSE, GODLY, GULLIBLE, HILARIOUS, INNOCENT,
CAGEY, PALE, OUTRAGEOUS, HANDSOMELY, FIRST, DISCREET,
THANKFUL, NEBULOUS, MATURE, DRY

E A D H A N D S O M E L Y E F C J A I
F O I J V I X H M M M A S A D W F O Z
C H S K V N T Z A U P D S C A R E D S
R I C P T Q R C T Q A S P I R I N G J
W G R O E U C S U S H I L A R I O U S
D H E W T I S Y R S E C O N D A O X B
H F E E B S H P E W I N N O C E N T I
A A T R I I H I D E O U S V V G H M C
L L V F N T O U T R A G E O U S O D A
T U L U S I E A V C H U B B Y V G I L
I T C L I V H X I C P S C I I R R F C
N I S S D E Y N C A G E Y D M P A F U
G N R F I T E A E I N M G I J D N E L
I J P Q O L Y I N G K E O O Q R D R A
T N E B U L O U S P J R D T S U I E T
K K R R S C L O U D Y E L I D N O N I
K U N Q H D L Q F V V E Y C N K S T N
H Q Q G N W Y Y F A S C I N A T E D G
S C W X W K O Y T Q A R O M A T I C M

INSIDIOUS, INQUISITIVE, MERE, GRANDIOSE, DISCREET, CHUBBY,
NEBULOUS, SAD, INNOCENT, AROMATIC, ASPIRING, SECOND, LYING,
FASCINATED, DIFFERENT, CLOUDY, OUTRAGEOUS, MATURE, SCARED,
IDIOTIC, CAGEY, HIDEOUS, HALTING, HIGHFALUTIN, POWERFUL,
HANDSOMELY, DRUNK, HILARIOUS, CALCULATING, GODLY

X O B D I F F E R E N T B A C C V G O
J P L X R K D Y W H V A R O M A T I C
N P G R A N D I O S E C L L Y B S F B
D R V V U I C G I N Q U I S I T I V E
Y T O B A D P O H B X Q X C D E S H H
T U H A N D S O M E L Y H H I D U K I
I X Q O S C A R E D F U L Q S A F D L
N P R Z R F I R S T N M I A G Y I F A
S Z D I S C R E E T G R N X U G U A R
I D O U T R A G E O U S N Y S Q B S I
D E A K N O T T Y T L E O M T O P C O
I L V G O D L Y C H L R C A E Y O I U
O I A C O M M O N A I S E D D H W N S
U G I M Y H N Z H N B T N H G B E A L
S H L A G A B X K K L R T E O R T M
G T A T Z Q U E J F E A N S A D F E C
V F B U L Y I N G U Z N F I K O U D K
V U L R G A K C B L P G Z V X C L V V
B L E E A C L O U D Y E S E J J G U E

DISCREET, INNOCENT, POWERFUL, DIFFERENT, KNOTTY,
OUTRAGEOUS, STRANGE, SCARED, AVAILABLE, INQUISITIVE, BAD,
FIRST, ADHESIVE, SAD, THANKFUL, HILARIOUS, MATURE,
FASCINATED, LYING, AROMATIC, COMMON, HANDSOMELY,
DISGUSTED, GODLY, GULLIBLE, GRANDIOSE, CLOUDY, INSIDIOUS,
DELIGHTFUL

Z J H A N D S O M E L Y K G B G D U K
W L E X R D T W N O T I V L M M I W Z
T D G Y A S R E T U H L Y I N G F N N
O V P C H E A T M T A P E B W R F Q G
Q M A G I C N S G R N X A X F U E H O
G G R Q N O G C G A K S H M Q D R I D
V N O H Q N E A U G F U I T F I E L L
W M M D U D O R N E U A D L A S N A Y
A S A D I B J E K O L X E B S G T R Z
I I T A S X Q D R U N K O E C U V I N
T D I V I H I J A S P M U P I S E O T
I I C A T B K N S C V K S O N T R U A
N O H I I W Q I P M A L E W A E K S T
G T H L V X P D I S C R E E T D N X Y
G I W A E F W O R M E R E R E R E I U P S
A C T B G U L L I B L E B F D X R V F
H H A L T I N G N M Q Z X U A R G M R
U J F E V C A M G X R H A L F I R S T
R D B I P A L E T Z H J J J D J M Y N

INQUISITIVE, DISGUSTED, FIRST, STRANGE, SAD, WAITING,
AVAILABLE, LYING, ASPIRING, POWERFUL, MERE, PALE, HIDEOUS,
GULLIBLE, HALTING, DIFFERENT, FASCINATED, OUTRAGEOUS,
AROMATIC, MALE, GODLY, HANDSOMELY, THANKFUL, SCARED,
SECOND, DRUNK, IDIOTIC, HILARIOUS, DISCREET

```
A  K  A  R  X  M  S  G  D  I  F  F  E  R  E  N  T  A  I
D  I  S  C  R  E  E  T  H  O  L  K  G  E  T  M  F  D  J
T  L  R  U  X  D  I  S  G  U  S  T  E  D  D  R  I  H  E
N  X  G  W  E  C  A  L  C  U  L  A  T  I  N  G  R  E  Q
E  N  N  K  O  J  L  T  Z  U  S  I  Y  N  X  N  S  S  A
B  H  I  G  H  F  A  L  U  T  I  N  L  Q  X  P  T  I  I
U  Y  H  I  L  A  R  I  O  U  S  G  R  U  P  F  U  V  N
L  V  W  P  F  G  U  L  L  I  B  L  E  I  V  A  P  E  S
O  U  T  R  A  G  E  O  U  S  J  Z  I  S  A  S  D  T  I
U  O  F  C  E  M  Y  S  C  A  R  E  D  I  U  C  B  B  D
S  C  I  L  L  E  K  H  M  U  I  B  X  T  F  I  K  M  I
I  H  D  Y  A  R  O  M  A  T  I  C  X  I  A  N  A  D  O
Q  U  I  I  S  D  S  T  R  A  N  G  E  V  S  A  B  P  U
R  B  O  N  T  R  G  U  D  S  S  P  C  E  P  T  D  Q  S
Z  B  T  G  I  U  H  C  A  G  E  Y  L  L  I  E  Z  E  G
P  Y  I  N  C  N  A  Q  F  G  C  F  O  V  R  D  X  M  R
V  Y  C  B  E  K  E  B  J  S  O  Y  U  T  I  L  A  E  N
P  O  W  E  R  F  U  L  M  U  N  B  D  T  N  D  U  H  E
K  G  O  D  L  Y  T  R  L  I  D  C  Y  R  G  C  N  F  Y
```

ADHESIVE, DISGUSTED, FIRST, SCARED, GULLIBLE, SECOND, CHUBBY, POWERFUL, OUTRAGEOUS, AROMATIC, INQUISITIVE, STRANGE, ASPIRING, DIFFERENT, CAGEY, CLOUDY, NEBULOUS, LYING, HILARIOUS, ELASTIC, INSIDIOUS, HIGHFALUTIN, FASCINATED, CALCULATING, IDIOTIC, GODLY, DRUNK, DISCREET

E F S S T R A N G E Q S C T E N J A S
K V X G V H A K K T H A N K F U L V J
U Z Q X I G D K N O T T Y I V Z K H T
S S C T N U X S C A R E D F U J V A A
O S G E Q L E A A L X M D P N Z C L S
F Y J I U L M S V Y V I I G G Y I T F
D C V G I I A P A I O D F J H J N I A
I W J O S B L I I N U I F O I D N N S
S A W D I L E R L G T O E C G E O G C
C I H L T E E I A S R T R H H L C M I
R T C Y I Z G N B W A I E U F I E B N
E I A X V F D G L M G C N B A G N J A
E N G J E B S F E U E S T B L H T C T
T G E A I U P Y G R O O V Y U T T K E
Q P Y A X Q U M A T U R E A T F U T D
T Q B G R A N D I O S E W B I U Z F V
J H I D E O U S Y D B W X E N L F K Z
I M X D R Y R K L N H M Q X S V H B D
P L W H I L A R I O U S C P W X P L U

LYING, DRY, AVAILABLE, STRANGE, ASPIRING, OUTRAGEOUS,
CHUBBY, HALTING, IDIOTIC, INQUISITIVE, MATURE, GROOVY,
GRANDIOSE, WAITING, SCARED, FASCINATED, THANKFUL, KNOTTY,
INNOCENT, HILARIOUS, MALE, DELIGHTFUL, HIDEOUS, GULLIBLE,
HIGHFALUTIN, DISCREET, GODLY, DIFFERENT, CAGEY

V F O U T R A G E O U S G A G A V W
G A R O M A T I C B W M R G M V X V
K M E R E Q V R O A N Z A Q Q A H O
D R S S E C O N D D C M N A U I E G
E O S R I D I O T I C U D N M L Y G
R C A F I R S T K J A D I X N A W V
A L D E L I G H T F U L O M X B G T
N O Q T G A R R U L O U S Z U L Y D
G U N D I S G U S T E D E S K E E H
E D Q A U D A F A S C I N A T E D A
D Y N P T S O M A L E F J S V V R L
T W A I T I N G H X C F L M Z M A T
Y D N J S C A R E D A E K A L J Q I
E L A S T I C J A G G R S T O S L N
L X P O W E R F U L E E K U H J L G
F I N N O C E N T F Y N A R J M A D
M O N S T R A N G E H T K E Y V J B
J B Z W M D D I S C R E E T K X Z Q

FASCINATED, AVAILABLE, MERE, SECOND, STRANGE, GARRULOUS,
GRANDIOSE, AROMATIC, ELASTIC, IDIOTIC, DISCREET, MATURE,
DIFFERENT, WAITING, CLOUDY, OUTRAGEOUS, SAD, HALTING, FIRST,
INNOCENT, MALE, CAGEY, SCARED, DERANGED, POWERFUL,
DELIGHTFUL, DISGUSTED, BAD

L N M L V I X V C A G E Y K V H X U J

M X S H H Z D O O Y S Y H I D E O U S

Y O N N I N Q U I S I T I V E I D F N

P X N M A T U R E U K D X K M N S U K

A R G Q Z F W U V K V M E R E E R J M

L D R B N F A S C I N A T E D B Z Y G

E V A O H A L T I N G R O D C U N A H

H A N D S O M E L Y W J C I T L U S K

X H D B A V L F I R S T A S H O C P M

F I I T D G O D L Y M O L C A U S I V

M L O X H I L E L T A D C R N S Q R J

Q A S P E D Y L X W L I U E K M X I O

N R E D S I I A S A E F L E F K S N P

D I Q R I O N S G I R F A T U L Q G D

K O R U V T G T Y T R E T C L O U D Y

L U N N E I Y I S I E R I C H U B B Y

P S O K G C C A N P E N Q U N U N I

D Q L D A Q M P D G G N G Q D U J D S

C V G N I N N O C E N T S X F S H I N

IDIOTIC, HILARIOUS, CAGEY, HALTING, FIRST, MERE, GRANDIOSE,
DIFFERENT, SAD, CALCULATING, ELASTIC, HANDSOMELY, ASPIRING,
INNOCENT, NEBULOUS, MATURE, FASCINATED, CHUBBY, MALE,
ADHESIVE, DRUNK, THANKFUL, CLOUDY, INQUISITIVE, HIDEOUS,
DISCREET, LYING, WAITING, GODLY, PALE

C C W M M V I M G O D L Y L I D R M M
A C H J A A R O M A T I C E I I O W C
L Q A F T W H Y D R Y H O S N S Z S G
C F N A U F N E B U L O U S N C D S Z
U R D S R L Y I N G L R R B O R W O S
L A S C E N R X B D D P J K C E A I C
A S O I S E C O N D T D T H E E I G A
T P M N E I Q I C K M J F U N T T U R
I I E A H I L A R I O U S A T N I L E
N R L T R F P B P H H Q A D T L N L D
G I Y E N S A D A A O I V H V Z G I B
K N O D Z G S G L L Y N A E E T Y B Y
W G C L O U D Y E T K S I S O O B L D
H I G H F A L U T I N I L I Z G C E E
Q I D I O T I C B N Y D A V T A V K D
K H S F I R S T O G W I B E P H B V J
G G M A L E M F N U Z O L Q Z O C Z X
I N Q U I S I T I V E U E X T U Q K E
H X S I D R U N K O T S X Q Q I M K C

HIGHFALUTIN, FASCINATED, HANDSOMELY, ADHESIVE, DRY, SECOND,
DRUNK, WAITING, ASPIRING, GULLIBLE, HILARIOUS, MATURE,
AVAILABLE, GODLY, NEBULOUS, FIRST, PALE, CLOUDY, DISCREET,
HALTING, MALE, INNOCENT, IDIOTIC, INQUISITIVE, SCARED,
INSIDIOUS, LYING, AROMATIC, SAD, CALCULATING

S E C O N D M F B F E D B X D N R C Q
F A S C I N A T E D N J P Z I E U A U
I N Q U I S I T I V E E G E S B R L H
V R B X D I S C R E E T P L G U H C C
L R S K D F I R S T G X A A U L R U T
Y A I D R U N K I K B P X S S O C L H
I S N E H I L A R I O U S T T U E A A
N P N E G H A K K S E S K I E S B T N
G I O R F I O R C A G E Y C D S G I K
Y R C C Y G Y E H I D E O U S I Y N F
T I E Q C H U B B Y Q P W P E V A G U
P N N U J F H A N D S O M E L Y E R L
W G T Q S A E I N S I D I O U S G H V
A V P V T L T G U L L I B L E V D M U
E K N A R U R O N X R E K I P A L E Q
V O N Y A T J D Y P H A L T I N G O P
Q T N F N I A L S H P O W E R F U L T
Y W T Y G N C Y A U U X W A I T I N G
U T S S E S V X D T D I F F E R E N T

PALE, HANDSOMELY, SAD, HIDEOUS, POWERFUL, WAITING,
DIFFERENT, DISCREET, HIGHFALUTIN, INNOCENT, INQUISITIVE,
DRUNK, HALTING, STRANGE, CAGEY, GULLIBLE, ASPIRING, ELASTIC,
SECOND, NEBULOUS, FIRST, HILARIOUS, DISGUSTED, LYING,
THANKFUL, CHUBBY, GODLY, FASCINATED, CALCULATING, INSIDIOUS

C T W F S M F H C A G E Y N M V G B J
H A S V C N I I B L A H S J P E S A J
U H E A A A R G B V M S E C O N D U S
B A P C R I S H I L A R I O U S W H V
B L Q R E Y T F N M T T A N X I B S U
Y T R R D C E A S X U Z S M Y B M A O
H I D E O U S L I I R I P E D O G U U
B N P L U X L U D O E D I R I W R F T
B G A E L A S T I C W I R E S A A O R
R T L M A L E I O E Y O I I G I N H A
Q A E V V J J N U T Z T N F U T D U G
C O M M O N V A S R R I G C S I I Q E
C V B C V F N I N N O C E N T N O A O
N E B U L O U S V W Y Y I B E G S C U
Y Z R U Q S K G N K G Y V E D E E L S
A V A I L A B L E Y D T Y G Y E T O V
D I S C R E E T N P Z Z M U Q B P U O
C L Y I N G Q P F R H H D D S T M D H
B Q U F P B R G N C D R U N K X U Y B

AVAILABLE, HIDEOUS, NEBULOUS, COMMON, HILARIOUS,
GRANDIOSE, WAITING, CAGEY, INNOCENT, OUTRAGEOUS, CHUBBY,
FIRST, LYING, DISCREET, CLOUDY, HALTING, HIGHFALUTIN, MERE,
MATURE, PALE, ASPIRING, INSIDIOUS, DRUNK, SECOND, ELASTIC,
DISGUSTED, IDIOTIC, SCARED, MALE

A B K D Y F K V F A S C I N A T E D D
C S F R R E K C Z X Q L D M E R E F D
O T I Y V C T C D I F F E R E N T Y E
M W R P A L E Q B E A G C V S Q K M R
M I S S W A D E L I G H T F U L O G A
O O T U H R S B R C L O U D Y H L R N
N H I D E O U S P A M T S W O A Y O G
C A G E Y M B G I T S H A A P N S O E
T O U R A G E O U S A S I K D C V D
A E K B Q T A N D C P N P T X S A Y A
E Y M L J I C E K O O K I I O O R I R
W F I K V C I R O N W F R N L M E H T
I V G D S W A L V E U I G C E D J L
A V A I L A B L E I R L N B H L F S F
W G R A N D I O S E F E G J Z Y U P H
H X K H I L A R I O U S H M X G J Q K
D I S G U S T E D Q L T O I S Y Y I D
L K N M N E H E U D I S C R E E T T T
Z U C B U H A L T I N G U S E H T F B

DIFFERENT, POWERFUL, MERE, PALE, DISGUSTED, AROMATIC,
DISCREET, CLOUDY, THANKFUL, GRANDIOSE, WAITING, HALTING,
SCARED, DELIGHTFUL, HILARIOUS, ASPIRING, HIDEOUS,
OUTRAGEOUS, CAGEY, AVAILABLE, FIRST, GROOVY, ACID, DERANGED,
HANDSOMELY, FASCINATED, COMMON, GENERAL, DRY

O F R W S P K E L D M E R E Q S D B R
U Q D A C I N N O C E N T A Z M J H Q
T W I I A N V D E L I G H T F U L A D
R T S T R I H P F Q K L W B T E Q N R
A M G I E L A S T I C A O F Q O A D U
G A U N D C L G R A N D I O S E V S N
E T S G M A L E X I P T Z Z T V R O K
O U T B F G W B F T O J F I R S T M P
U R E I Y E I N Q U I S I T I V E E O
S E D W Z Y M X S T R A N G E A W L R
J V B B V Z U Q C D H Q V O D D R Y A
X S E C O N D G Q O M Q H I I H H T U
V J K U W H A L T I N G I D S E L S S
U P O W E R F U L G U O D I C S X S T
W S B D W Y P A L E I J E O R I L C B
C A S P I R I N G A C P O T E V Y F L
H I G H F A L U T I N B U I E E I P V
Z Q H C U Q H N B P F B S C T X N I F
V R W Z S X C A L C U L A T I N G M J

INNOCENT, LYING, PALE, MALE, ASPIRING, DISGUSTED, STRANGE, ELASTIC, FIRST, SECOND, DELIGHTFUL, CALCULATING, HIDEOUS, DRUNK, DRY, WAITING, CAGEY, OUTRAGEOUS, HIGHFALUTIN, HANDSOMELY, MERE, IDIOTIC, HALTING, GRANDIOSE, POWERFUL, ADHESIVE, INQUISITIVE, MATURE, DISCREET, SCARED

A D H E S I V E L U F D I W Q D I G T
L M A T U R E R Y F O I H M G I N Y N
I N Q U I S I T I V E F A L O S S J E
F I R S T S Y O N W Q F L X D C I V B
M O T J Q E F R G Z B E T S L R D O U
Y M H R U C N G K P J R I B Y E I F L
Q B A N G O I N N O C E N T H E O L O
I T N Z U N I K S A D N G H E T U V U
O P K Q L D J C D R Y T J K E T S N S
V M F Z L R S A X T Z W A I T I N G I
K Q U C I I E L A S T I C T T B C M S
X J L L B Q B C A S P I R I N G R E T
Z L E O L G U U N P A L E W A K B R S
G C M U E S D L P O S T R A N G E E Z
L H G D J Z R A P O W E R F U L X J F
I U Q Y T J U T B S I E S C A R E D T
O B R S P E N I H I G H F A L U T I N
M B D R B D K N R N C E V G P W M Q H
N Y M O J C A G E Y R Q L F X B W G J

THANKFUL, STRANGE, WAITING, CAGEY, GODLY, NEBULOUS,
GULLIBLE, CALCULATING, SECOND, ELASTIC, HALTING, LYING,
MATURE, FIRST, PALE, HIGHFALUTIN, SCARED, ADHESIVE,
INQUISITIVE, INNOCENT, INSIDIOUS, MERE, DISCREET, POWERFUL,
DIFFERENT, CHUBBY, ASPIRING, CLOUDY, DRUNK, SAD

P C R N L N N C D N U P O W E R F U L
Q Q I H I L A R I O U S I L X R D I J
S Z C A L C U L A T I N G S Z F K H P
K A T N P B A R O M A T I C U P X O H
F V O V G G M Q W A I T I N G M S S R
T H A N K F U L D D O N I P C W E K E
B F X J N P D R D R L G H I D E O U S
H Z O S C A R E D Y O R A L T E M Q O
L Z H S C A G E Y H U A D M G I T C G
V R I A D I P P S X T N H O U D K A O
U I G D E R A Q D T R D E X L I P S D
D N H D L V L H O Y A I S T L O I P L
R N F I I Y E F Z S G O I H I T Y I Y
U O A S G F G M A L E S V M B I S R C
N C L C H U B B Y F O E E J L C A I L
K E U R T Y Y Y H H U N T C E V D N D
J N T E F W E B D Q S M E R E I O G L
T T I E U T W P G M A R Z C O M M O N
L K N T L N C M A T U R E Y E D X D M

GRANDIOSE, OUTRAGEOUS, ADHESIVE, CALCULATING, INNOCENT, DRY, HIDEOUS, MALE, DRUNK, COMMON, HILARIOUS, WAITING, IDIOTIC, GULLIBLE, SCARED, DELIGHTFUL, HIGHFALUTIN, THANKFUL, CAGEY, POWERFUL, ASPIRING, AROMATIC, GODLY, SAD, CHUBBY, PALE, MATURE, DISCREET, MERE

B S I M T A R O M A T I C J S M E X F
D I S C R E E T W K S F U G S Z T L H
Z T I W Q A D H E S I V E Q T C W G D
I O U T R A G E O U S Y I W R W F W Y
V O T K Z P L N Q U M L M L A U A Q M
C I I A S P I R I N G C T N M S X A
A N W P C H I L A R I O U S G G C T T
L Q W I H I D E O U S N C N E R I R U
C U A D K M P A L E N T W I X O N E R
U I I I Q D T S D R U N K J D O A W E
L S T O S C A R E D Q P D K Q V T H A
A I I T N E B U L O U S I A X Y E A O
T T N I G H U T H A N K F U L I D L D
I I G C B V O D R Y Z F F C J Y A T H
N V G U L L I B L E R I E O B P U I B
G E P O W E R F U L V R R M S W J N Q
S Q E I N S I D I O U S E M M Y W G M
N G F G B A Z C M K G T N O C K R W L
S E C O N D C T Q X W G T N A W Q O S

COMMON, SAD, WAITING, THANKFUL, DRUNK, HILARIOUS, INSIDIOUS,
DIFFERENT, ADHESIVE, STRANGE, AROMATIC, OUTRAGEOUS,
GULLIBLE, HIDEOUS, CALCULATING, NEBULOUS, HALTING, ASPIRING,
INQUISITIVE, FASCINATED, FIRST, PALE, SCARED, MATURE, IDIOTIC,
POWERFUL, DRY, SECOND, DISCREET, GROOVY

Z U D U G H K Y I G G N C H U B B Y M

W D I W O A X T S R U M A L E A A A X

D L S A D L W H U A L R F K G H D S X

J M A J L T S A W N L V U S Y I H T J

M S D P Y I T N Z D I G Q I D L E I Z

P E W A U N R K J I B D V H J A S N Z

C L H Q K G A F Q O L A S P I R I N G

V A X X R O N U T S E H I Z W I V O C

I S M E R E G L F E E Z M R S O E C D

N T D S Q N E B U L O U S A C U X E I

Q I L C Y S B I C L O U D Y I S X N F

U C P A E T P O W E R F U L G B W T F

I A O R L Q F K N O A V A I L A B L E

S F K E V C A G E Y X F O I B X M B R

I T Q D W C L Q Z G R M A T U R E U E

T R X J N O E H A N D S O M E L Y M N

I Y K I F I R S T G U J H C B V U B T

V B M N A D I S C R E E T W M E P Q E

E F A S C I N A T E D E L Z F S U T I

SAD, MATURE, SCARED, POWERFUL, HILARIOUS, GRANDIOSE,
THANKFUL, STRANGE, DISCREET, HANDSOMELY, ELASTIC, ASPIRING,
CLOUDY, GULLIBLE, MALE, CAGEY, INQUISITIVE, NEBULOUS,
AVAILABLE, GODLY, ADHESIVE, CHUBBY, DIFFERENT, INNOCENT,
MERE, FASCINATED, FIRST, HALTING

G A V A I L A B L E Q I E J J V Q G X
U I D L E T H A N K F U L P P X P K P
L C O U T R A G E O U S Z R N Y E P H
L A C H A N D S O M E L Y G P X I L F
I Q H G U V U T D E A D H E S I V E A
B N U I N Q U I S I T I V E F P M K S
L J B L S D S J H P A G N X O G X A C
E T B R V R E D I F F E R E N T V S I
M X Y P C U C Q L F L H Y H I C D P N
Z K Q O A N O H A L T I N G N C U I A
A G Z W L K N M R S C C Z S S O F R T
Z N D E C M D M I T A J X A I W C I E
M E C R U F Q E O R G G F D D A L N D
Q B V F L H J R U A E L G R I I O G C
V U I U A D E S N Y S I N O T U S M
V L L L T Z H R S G P A L E U I D B R
X O Z D I R J E K E W S T D S N Y E B
F U K W N K E Y G D R L Y I N G N K G
O S W V G G R A N D I O S E E E S X N

GRANDIOSE, CHUBBY, HALTING, HANDSOMELY, CLOUDY, HILARIOUS,
SAD, INQUISITIVE, CALCULATING, ASPIRING, POWERFUL, SECOND,
DRUNK, MERE, INSIDIOUS, GULLIBLE, ADHESIVE, WAITING,
OUTRAGEOUS, FASCINATED, STRANGE, DIFFERENT, THANKFUL,
AVAILABLE, LYING, CAGEY, PALE, NEBULOUS

S A D L F N X K L M E D T S Q C T M F
T T G U L L I B L E L R U C E H C L E
S T R A N G E Q D F A Y C A I U F I J
D E L I G H T F U L S L K R C B I F F
T M J Q I A N G W I T N S E T B M J G
I O L M A S E R L P I L H D O Y J D Q
N D Z T W P B O C Y C U U G L B N J G
N L N P J I U O L I N S I D I O U S T
O T W A J R L V O G O D L Y I B C G M
C D W L R I O Y U W U S M R Z S A R H
E I P E O N U Q D O C O M M O N L A I
N F Y J V G S T Y D R U N K H S C N L
T F A S C I N A T E D Y C T D P U D A
C E Z C J A P O W E R F U L F B L I R
A R O M A T I C Z G J M I P C I A O I
Q E B M I N Q U I S I T I V E T T S O
W N A Y I H I G H F A L U T I N I E U
A T D K U F K H A L T I N G V K N A S
C D M N A W A I T I N G M R U K G H Q

PALE, INSIDIOUS, AROMATIC, FASCINATED, SAD, GRANDIOSE,
GROOVY, ELASTIC, DELIGHTFUL, GODLY, CHUBBY, DRY, GULLIBLE,
ASPIRING, POWERFUL, NEBULOUS, SCARED, BAD, DIFFERENT,
STRANGE, CLOUDY, HILARIOUS, HIGHFALUTIN, WAITING, INNOCENT,
HALTING, INQUISITIVE, DRUNK, CALCULATING, COMMON

L P C P L T W C A L C U L A T I N G A
Z F J J X A V A I L A B L E Q H G D B
S W B R U I K L Z R T H A N K F U L T
X V N A U U S L M A T U R E Y O L R L
W S E F A S C I N A T E D B A M L P M
Q Q O C D F C O M M O N I U R G I C D
J T B A E I O E Y L Z B N L O J B P V
P B O U T R A G E O U S S O M L L H X
K Z P W A S P A L E D P I U A F E G I
S A D A D T N R F R X X D S T X B Z M
G Z C I H H Q N I N Q U I S I T I V E
A P L T E I D I O T I C O O C N P Q R
S O O I S H I L A R I O U S E W U B L
P W U N I S X B T T G F S T R A N G E
I E D G V R A S J E K J O C H U B B Y
R R Y E E M B Y T M S K X X P K N B M
I F Z F C A G E Y E F V V Y R J L M A
N U P G A C U Z T R T S C A R E D X L
G L D I S G U S T E D C H O W X E F E

INSIDIOUS, FIRST, CAGEY, MALE, POWERFUL, WAITING, CLOUDY,
AVAILABLE, CALCULATING, MERE, HILARIOUS, INQUISITIVE, IDIOTIC,
OUTRAGEOUS, ADHESIVE, PALE, CHUBBY, SCARED, GULLIBLE,
THANKFUL, SAD, MATURE, ASPIRING, STRANGE, FASCINATED,
COMMON, NEBULOUS, AROMATIC, DISGUSTED

Z G V T G H I G H F A L U T I N H T X

R W R F W A D H E S I V E P S I N S I

O U N F A L T W W D I S C R E E T N K

B S I Y N B T D N I R T L D R U N K J

G T L O E I N Q U I S I T I V E S N H

V R N G B I N N O C E N T Q A Q Q M I

S A D K U H S Z P P C R I D P U F W L

K N E G L A A Q O A M I D I O T I C A

Q G L O O L I U D L A U S G M W M A R

P E A D U T Z R O E T J Z U E O A V I

N U S L S I E P H B U G J L R K L A O

B Y T Y E N P O W E R F U L E Q E I U

T Z I B M G F P G W E L Y I N G H L S

C I C Y H I D E O U S C S B Z J F A P

H T W A I T I N G U W A Z L I G C B H

U A S P I R I N G D L G O E V R X L K

B G J X D K D H L U G E F N Y Q B E Y

B T T D J E P E R B U Y S P G C V G G

Y N Y U V J J A J C L O U D Y B R G Q

DISCREET, HILARIOUS, HIDEOUS, NEBULOUS, INNOCENT, MERE,
POWERFUL, CHUBBY, CAGEY, MALE, PALE, DRUNK, LYING, GODLY,
HIGHFALUTIN, INQUISITIVE, STRANGE, HALTING, IDIOTIC, ASPIRING,
SAD, WAITING, ELASTIC, CLOUDY, ADHESIVE, AVAILABLE, MATURE,
GULLIBLE

```
H  A  L  T  I  N  G  J  W  K  E  S  D  Y  C  A  W  O  E
F  D  A  L  G  R  A  N  D  I  O  S  E  M  F  Y  G  M  E
I  H  P  H  G  P  C  A  L  C  U  L  A  T  I  N  G  Q  L
Y  E  O  N  N  G  A  X  Z  H  N  E  B  U  L  O  U  S  A
U  S  W  Y  I  T  I  N  S  I  D  I  O  U  S  S  E  T  S
W  I  E  Y  A  I  N  Q  U  I  S  I  T  I  V  E  U  K  T
S  V  R  R  A  Y  A  V  S  E  C  O  N  D  E  N  F  X  I
P  E  F  W  V  A  L  F  P  Q  M  A  L  E  N  K  F  U  C
O  L  U  L  A  W  I  H  A  S  T  R  A  N  G  E  P  R  M
U  V  L  D  I  V  G  I  L  J  G  P  Q  C  O  M  M  O  N
T  F  T  I  L  F  D  L  E  M  C  F  I  R  S  T  Y  D  T
R  H  J  F  A  I  I  A  R  O  M  A  T  I  C  C  S  I  S
A  G  G  F  B  N  S  R  Q  I  D  I  O  T  I  C  C  S  M
G  Y  O  E  L  N  C  I  O  C  L  O  U  D  Y  C  A  G  L
E  T  M  R  E  O  R  O  H  S  D  S  A  D  V  X  R  U  P
O  C  R  E  Y  C  E  U  F  D  R  D  F  U  P  E  E  S  S
U  S  V  N  W  E  E  S  B  M  U  A  Q  U  T  F  D  T  R
S  U  G  T  C  N  T  L  M  G  N  V  M  A  T  U  R  E  S
E  R  V  M  Q  T  X  V  A  K  K  F  G  O  D  L  Y  D  N
```

DIFFERENT, POWERFUL, DRUNK, INSIDIOUS, GRANDIOSE,
OUTRAGEOUS, PALE, NEBULOUS, SCARED, HALTING, DISCREET,
SECOND, INQUISITIVE, AROMATIC, IDIOTIC, ELASTIC, MALE,
STRANGE, INNOCENT, COMMON, SAD, ADHESIVE, DISGUSTED, FIRST,
HILARIOUS, CLOUDY, AVAILABLE, GODLY, MATURE, CALCULATING

M V W E O G V I F A S C I N A T E D W
F E I N N O C E N T J E F F S H U L A
G D M Q Y Y R B G R D R U N K Z W E I
E C T P O W E R F U L H D C D N C I T
J G O U T R A G E O U S I O I S X L I
Q U I N S I D I O U S N S S F S X Z N
O J V S O R I D I O T I C G F T M T G
W T A J A V M A L E U I R Z E R E R O
Y N C Z S A D H H G M E Q R A R F F F
V P H A T J T I I U F U E E N E G H
W Z U V P J Y L G L P C T D N G J O P
S M B A A Y D A H L L A U Z T E C D M
R A B I L A U R F I Y S F I R S T L D
P T Y L E T N I A B I P C A G E Y Y K
R U V A P H J O L L N I U W I J I G H
W R F B D Z B U U E G R A N D I O S E
V E Z L K I Q S T X I I H A L T I N G
F I G E L Q X C I H A N D S O M E L Y
V H S C A R E D N R Y G H N M E L D S

IDIOTIC, INNOCENT, DISCREET, HIGHFALUTIN, MALE, SCARED,
POWERFUL, CHUBBY, MERE, HILARIOUS, MATURE, AVAILABLE,
HALTING, ASPIRING, STRANGE, DRUNK, OUTRAGEOUS, GRANDIOSE,
INSIDIOUS, CAGEY, WAITING, PALE, FASCINATED, GULLIBLE,
HANDSOMELY, GODLY, DIFFERENT, FIRST, LYING, SAD

L A B A S P I R I N G E O W N R J X R
C G P D A D H E S I V E O V C I P N Q
U R Y F D B Q Z I Z M P O W E R F U L
I A G J R D Y F X F Z H U W V S A D G
K N U S Y I C O M M O N K E N K I E Y
T D Z S H F W X I D I O T I C Q N Q O
W I T T Y F B V E F Z U N S C A R E D
Z O G R W E X H U Y Z H A L T I N G Q
B S S A D R J H X V R K W P A L E A I
M E Y N Z E S S D E L A S T I C H W N
C Z K G T N V L A I G R O O V Y I A S
H E Q E W T W X M N C L Y I N G L I I
U T H A N K F U L N P R F A J W A T D
B X S C L O U D Y O Y U L I M G R I I
B G U L L I B L E C J N I X C F I N O
Y C Z I U L H I D E O U S R C O O G U
C A L C U L A T I N G C O T A Z U R S
G D I S C R E E T T V G T M H H S Q Z
M D O Y N L G S Y G O D L Y Q A M V B

STRANGE, HALTING, DIFFERENT, HILARIOUS, GODLY, WAITING,
CHUBBY, COMMON, ELASTIC, INNOCENT, IDIOTIC, PALE, THANKFUL,
HIDEOUS, CLOUDY, SAD, DRY, GROOVY, CALCULATING, ASPIRING,
GRANDIOSE, SCARED, POWERFUL, ADHESIVE, GULLIBLE, DISCREET,
INSIDIOUS, LYING

I C S L S I P O A N J P I M A L E G A
D Q U Y E S N Q C Y K C O M M O N P S
O R B I C D A I T T A R O M A T I C P
X I S N O R H T M H R D A L D H F D I
L O A G N Y P T N A U I E I I W G E R
C R D Q D P A L E N O S L G F A R L I
G P O W E R F U L K V C A K F I A I N
O M A T U R E H P F J R S D E T N G G
D M C L O U D Y R U L E T X R I D H P
L S C A R E D H A L B E I I E N I T G
Y P Q E B C Q V D Z E T C S N G O F V
N E B U L O U S H L E M Z Z T D S U W
Y H A L T I N G E D M C B Z M U E L V
N F B M X S K H S I D I O T I C I Q Z
L G K U D E W D I N Q U I S I T I V E
L V I C T N I Z V I N S I D I O U S O
V H A N D S O M E L Y L U U K T O T D
D P W I M H I L A R I O U S J O Z Y T
J C U C Y N J X F A S C I N A T E D Y

ELASTIC, HILARIOUS, POWERFUL, THANKFUL, ADHESIVE,
INQUISITIVE, IDIOTIC, GRANDIOSE, MATURE, AROMATIC, HALTING,
SECOND, FASCINATED, DIFFERENT, WAITING, COMMON, DISCREET,
NEBULOUS, SCARED, LYING, SAD, DELIGHTFUL, ASPIRING, CLOUDY,
DRY, INSIDIOUS, GODLY, MALE, PALE, HANDSOMELY

```
W L T H A N K F U L Y W V R W X Q Q C
P T F N E B U L O U S Z Y F A H W M C
P N L K Y I N N O C E N T Y I I A D P
E S L L I Y G U L L I B L E T L R C O
R H A N D S O M E L Y A P D I A O H W
H A Z F I R S T A T Y Z M I N R M U E
F I L F A S C I N A T E D Y G I A B R
Q U Y E D S H D I S C R E E T O T B F
Y E I O H E K E H I D E O U S U I Y U
H F N U E C Y E L A S T I C O S C P L
E S G T S O R L D I S G U S T E D F E
D S I R I N R T R H D I F F E R E N T
R C W A V D V C L O U D Y U V Q H R X
Y A K G E V M E I N S I D I O U S J A
M R A E J S T J L G G R A N D I O S E
Q E J O B I N Q U I S I T I V E V L H
L D P U X M C A G E Y T Q X E K A J D
S M Q S K G W E X V D T I M A L E F Q
B G M Y V S I T Y C S T R A N G E D Z
```

GRANDIOSE, DRY, SECOND, ELASTIC, CAGEY, CHUBBY, INQUISITIVE,
FIRST, HIDEOUS, THANKFUL, OUTRAGEOUS, ADHESIVE, CLOUDY,
AROMATIC, DISCREET, HILARIOUS, STRANGE, DIFFERENT, MALE,
LYING, INNOCENT, WAITING, GULLIBLE, POWERFUL, FASCINATED,
HANDSOMELY, DISGUSTED, NEBULOUS, INSIDIOUS, SCARED

O S G C D S Y P C A G E Y O Z H G E Z
F R E R I O D I S C R E E T I I R O W
W A S P I R I N G Z G Q O Q N L A G Q
H A N D S O M E L Y G C H W N A N U L
X C D I F F E R E N T U M S Z R D L M
K I N Q U I S I T I V E V T K I I L O
Z A W D W E L A S T I C B F C O O I T
F D K M V D K M A T U R E J J U S B R
I H W U O U T R A G E O U S L S E L S
T E T N D P P Z N E B U L O U S J E T
L S W B P R A T E S T C D R U N K K R
X I M G O D L Y S X A W Y K B L A I A
D V A G W M E R E L J A B Z D X P N N
C E L D E Q C V C S F I F I R S T M G
L M E J R K Y H O X Z T U F I R A O E
O P U H F Q F Z N V J I L E M G B A X
U F L P U V A V D O I N S I D I O U S
D A Y H L H A L T I N G K M S N I M M
Y W O U E V Q H I G H F A L U T I N Z

MATURE, WAITING, POWERFUL, INQUISITIVE, HIGHFALUTIN,
GULLIBLE, FIRST, MALE, DRUNK, DISCREET, PALE, CAGEY, ADHESIVE,
MERE, HILARIOUS, NEBULOUS, GODLY, STRANGE, HANDSOMELY,
DIFFERENT, ASPIRING, GRANDIOSE, CLOUDY, SECOND, HALTING,
ELASTIC, INSIDIOUS, OUTRAGEOUS

D H G J L Y A O Z W I N S I D I O U S

S H X D L Y I N G G J S U J H P U I H

G A M D R X D I S C R E E T S Z T N A

Z R W H I D E O U S H Z A B Z C R N N

L G B B J A S P I R I N G W P H A O D

V X Q J I X F U S N D V G S Z U G C S

O Z V M N M I N T D I A R I I B E E O

R H V R Q P R A R O F D A D U B O N M

M E R E U A S E A M F H N T A Y U T E

J H K F I L T L N A E E D E X Y S D L

H T Y F S E E A G L R S I Z G O D L Y

G H D M I P T S E E E I O R U X I N P

Z A R B T C W T T O N V S Q Y F R Q S

P N U J I E Z I Z Q T E E D S A D C C

A K N Y V P H C A V A I L A B L E V L

V F K H E R J P G I S C A R E D A R W

X U S V V D S C A L C U L A T I N G M

Q L A H A L T I N G T C E M D H N J H

N E B U L O U S L H T U N L P E W H B

HALTING, THANKFUL, DISCREET, GRANDIOSE, ELASTIC, NEBULOUS,
CALCULATING, STRANGE, INQUISITIVE, ASPIRING, PALE, GODLY,
LYING, AVAILABLE, ADHESIVE, INSIDIOUS, FIRST, HANDSOMELY,
SCARED, SAD, OUTRAGEOUS, MALE, DRUNK, INNOCENT, CHUBBY,
HIDEOUS, MERE, DIFFERENT

M C Z I N Q U I S I T I V E F E Q N N

A O S H K V N S E C O N D S V P Q P F

T T V I V A E A D H E S I V E H Q K L

U X U G P Z B C Z L Y I N G V D B X N

R B P H E U U L V M M W U W J D X X I

E Q S F L H L O R Q A P O W E R F U L

D D T A A D O U C N L F F F T U C O W

B R H L S S U D U H E E I N R N Y M C

Y S A U T G S Y K M U E R B O K R H L

W C N T I D I O T I C L S O X G D I H

C H K I C S U D X I I K T L N P Y L A

S M F N S T G O D L Y Z G R R W I A L

V E U G Y R O U T R A G E O U S N R T

J R L G R A N D I O S E I S U A N I I

L E A T I N C H U B B Y D A B S O O N

W H N A I G L C A G E Y J D Q Z C U G

F W V G B E B A D I S C R E E T E S H

F F A S C I N A T E D J Z Y D D N C Q

X Y H A N D S O M E L Y A T K I T O J

DISCREET, FIRST, SAD, INQUISITIVE, HALTING, THANKFUL, STRANGE, INNOCENT, HIGHFALUTIN, OUTRAGEOUS, IDIOTIC, MALE, POWERFUL, DRUNK, HANDSOMELY, CAGEY, CHUBBY, ADHESIVE, GODLY, MATURE, HILARIOUS, NEBULOUS, ELASTIC, MERE, CLOUDY, FASCINATED, SECOND, LYING, GRANDIOSE

R G Y G H A L T I N G J B Z K Y H Y S
I R D I S C R E E T J D V M G Z O J T
N A C X I C Q J L B M I R J B A D D R
Q N C T P A A K T H A N K F U L W Q A
U D B G L L J X B R D R U N K V S Z N
I I U E I C I N N O C E N T Q P F Z G
S O V M S U M Y W L A V A I L A B L E
I S L D E L I G H T F U L F S I W U Q
T E G P T A V D C A D E R A N G E D X
I G K N O T T Y O S C O Y S N Z A Y Y
V V N A W I C D M P A U S C G S C I N
E W Q C D N G P M I G T B I O F I O L
Q M A L E G T A O R E R S N D Z D N Y
H V D C M U I W N I Y A C A L E S A D
G W A I T I N G V N F G A T Y P J L X
D D S C E J W M V G K E R E D R Y A G
X H I L A R I O U S R O E D M E J S B
H I G H F A L U T I N U D U P U O O R
L L H I D E O U S L L S A D W A O B H

DISCREET, COMMON, FASCINATED, DELIGHTFUL, SCARED,
HILARIOUS, CALCULATING, DRY, SAD, DRUNK, AVAILABLE,
DERANGED, HALTING, OUTRAGEOUS, WAITING, ASPIRING, INNOCENT,
STRANGE, CAGEY, HIDEOUS, HIGHFALUTIN, THANKFUL, MALE,
KNOTTY, GRANDIOSE, BAD, INQUISITIVE, ACID, GODLY

```
D N N G R A N D I O S E H U X U V B S
J O X Z V M M K M D O T H A N K F U L
A D H E S I V E N Y U U I V H S O Q D
V F T C D I D D E H T P G C F M A L E
P A L E T C R I B I R T H L I S Q L I
S E C O N D Y S U D A W F O F C I S Z
E C H U B B Y G L E G T A U X A N E C
C A G E Y G B U O O E H L D K R N R X
H A L T I N G S U U O Y U Y N E O P N
S V G Z B R N T S S U K T R J D C J V
U A Q O T A C E F A S C I N A T E D J
M I O I I Z M D X S N J N F I M N Z L
W L E M B S T R A N G E Q O D U T S Y
A A S E H U J G R I N E S F I R S T I
C B D R W Q A S P I R I N G O H R T N
H L L E H Z O W A I T I N G T I K I G
I E P H H Q M A T U R E V K I A U U B
E M S Z L P O W E R F U L Q C D K C X
N T S H I L A R I O U S Z C O R U B O
```

NEBULOUS, DISGUSTED, FASCINATED, MALE, STRANGE, WAITING,
AVAILABLE, HIGHFALUTIN, FIRST, DRY, ASPIRING, HALTING,
ADHESIVE, INNOCENT, MERE, SECOND, GRANDIOSE, MATURE,
THANKFUL, LYING, CLOUDY, POWERFUL, IDIOTIC, CAGEY, HILARIOUS,
PALE, OUTRAGEOUS, SCARED, HIDEOUS, CHUBBY

O D J T Q V W C I M I N N O C E N T B
H I L A R I O U S N S Y U Q E G M M D
O F G W D I S C R E E T O I T I Y I P
U F K F S H J O R E C J G J M E R E K
T E Q O K A D R U N K H O G P L A L Y
R R W N L S I D I S G U S T E D G R A
A E O C I D I O T I C J M S T V K S A
G N U A S P I R I N G E B W V H E C T
E T Z G U B I N Q U I S I T I V E A C
O G G R A N D I O S E C E Z C U H R A
U O D T V Q V C D R Y M L T S C X E G
S F A S C I N A T E D D A O M L I D E
F I R S T I E P C M S T S F A O J J Y
T J P Z Q D B M T A E C T N W U H P E
R T A H F S U M D T C F I F S D U I M
Q K L V L N L G M U O U C N D Y A V H
W W E Y W Y O Z M R N H A L T I N G D
O N U Q A P U A J E D A D H E S I V E
O U R H F O S G Q P O W E R F U L T R

CAGEY, DRY, ASPIRING, DISGUSTED, PALE, NEBULOUS, DRUNK,
HILARIOUS, SECOND, CLOUDY, MERE, INQUISITIVE, FIRST, ADHESIVE,
IDIOTIC, INNOCENT, DIFFERENT, SCARED, HALTING, DISCREET,
ELASTIC, GRANDIOSE, POWERFUL, OUTRAGEOUS, FASCINATED,
MATURE

Solutions

C Z O B K J M Q S L A K E P I G X I N J
J Z N N Y Z M I A M I O Z H H Q W Y X O
A L O U I S V I L L E O G I D N A H G V
C C H A R L O T T E T L J L F O S A V M
K H S F D M E M P H I S G A I W H I K I
S G R S A C R A M E N T O D A K I N A L
O P W B N D A L L A S D J E T M N D N W
N H A O C H I C A G O E G L L Z G I S A
V O A S E A T T L E N N R P A D T A A U
I E U H O U S T O N A V O H N S O N S K
L N S Z B C U R P S E D I T A N A U E
L I T K B B O C C O H R E A A G X P I E
E X I T A O L S O R V J T H H J W O I M
I X N O L S U O L T I I R X N J S L W X
X Y Y F T T M N O L L I O Y V V W I O I
I D C D I O B D R A L Q I W D U G S H M
M E S A M N U J A N E J T U G U Q K N K
L X C X O A S S D D B I R W B C L S L K
M R K F R E S N O G P S O Q E Y W B Q B
M S P N E Y C A L B U Q U E R Q U E X U

WASHINGTON, MEMPHIS, PHILADELPHIA, AUSTIN, DENVER,
HOUSTON, FRESNO, CHARLOTTE, INDIANAPOLIS, BOSTON, KANSAS,
MIAMI, MESA, DETROIT, NASHVILLE, COLUMBUS, ALBUQUERQUE,
CHICAGO, ATLANTA, PHOENIX, SEATTLE, JACKSONVILLE, PORTLAND,
DALLAS, TUCSON, BALTIMORE, LOUISVILLE, COLORADO, MILWAUKEE,
SACRAMENTO

A	U	R	O	R	A	Q	L	C	R	C	W	G	E	J	Z	H	Z	T	T	R	Q
S	D	J	T	A	M	J	F	R	G	R	E	E	N	S	B	O	R	O	I	O	J
U	R	D	I	A	W	I	Z	E	M	L	R	P	N	C	C	N	A	V	M	M	E
L	U	C	K	Z	V	N	L	K	D	S	M	G	E	L	G	O	A	P	O	A	T
W	M	I	N	N	E	A	P	O	L	I	S	D	W	C	E	L	L	T	V	H	S
H	A	N	C	H	O	R	A	G	E	E	C	W		Y	X	U	I	P	E	A	T
R	F	J	T	Q	D	Z	F	W	R	Z	R	M	O	M	M	L	B	H	J	U	O
D	B	A	K	E	R	S	F	I	E	L	D	H	R	M	F	U	A	I	W	L	C
C	O	E	T	I	C	O	C	S	M	M	A	R	L	I	N	G	T	O	N	E	K
O	A	D	O	Q	I	R	N	E	W	A	R	K	E	T	P	Z	I	I	O	P	T
R	K	U	Z	J	N	L	I	U	T	K	V	C	A	U	L	J	T	X	J	C	O
P	L	R	A	G	C	A	T	G	Z	M	I	P	N	L	A	C	O	G	B	U	N
U	A	H	N	L	I	N	C	O	L	N	R	O	S	S	N	U	G	U	Q	Q	F
S	N	A	A	Q	N	D	C	F	H	H	G	L	F	A	O	I	M	X	N	K	P
	D	M	H	D	N	O	L	T	W	E	I	P	I	T	T	S	B	U	R	G	H
C	H	X	E	O	A	I	E	A	Q	N	N	W	I	C	H	I	T	A	D	D	V
H	F	V	I	H	T	B	V	M	X	D	I	S	R	I	V	E	R	S	I	D	E
R	V	A	M	X	I	D	E	P	I	E	A	T	T	D	O	C	U	G	P	X	V
I	E	D	E	P	G	N	L	A	T	R	B	H	V	F	P	J	T	K	W	D	S
S	S	A	N	T	A		A	N	A	S	H	U	I	J	O	C	V	Q	N	Y	Z
T	W	W	I	R	V	I	N	E	I	O	C	U	S	R	N	R	R	J	V	A	J
I	O	O	F	P	Q	O	D	G	H	N	L	E	X	I	N	G	T	O	N	L	V

DURHAM, NEW ORLEANS, ANAHEIM, LINCOLN, BAKERSFIELD,
ANCHORAGE, HENDERSON, OMAHA, PITTSBURGH, STOCKTON,
CINCINNATI, OAKLAND, ARLINGTON, IRVINE, ORLANDO,
MINNEAPOLIS, TULSA, GREENSBORO, RIVERSIDE, CLEVELAND,
TAMPA, LEXINGTON, HONOLULU, SANTA ANA, PLANO, NEWARK,
CORPUS CHRISTI, WICHITA, VIRGINIA, AURORA

A U C O J N W R **F** **R** **E** **M** **O** **N** **T** B T P E H D

R **J** M E W O Y **F** **A** **Y** **E** **T** **T** **E** **V** **I** **L** **L** **E** J Q

O **E** T N A **B** **U** **F** **F** **A** **L** **O** **A** W Q Y O J A M F

C **R** R N U H C **N** Q **A** O K **C** B Q K B D R V L

H **S** S Z K E E **O** R **M** R X **O** **O** **H** **I** **A** **L** **E** **A** **H**

E **E** R P C R K **R** X **A** I C **M** **X** **M** **O** **D** **E** **S** **T** **O**

S **Y** S Y W **M** S **F** X **R** C P **A** N E **R** B T Z J S

T W E W N **O** T **O** R **I** H Q M **A** N **E** Y Z B X G

E E A M Y **R** K L X **L** M H S **R** J **N** R N R C J

R V S W **F** **E** I **K** J **L** O X Z **D** G **O** N N C S **G**

B Q O C **O** N W W E **O** N G H D K K U O A I **A**

H K F P **N** O P D C E **D** G **G** **L** **E** **N** **D** **A** **L** **E** **R**

Z Y V X **T** R U **M** N T L W R P G C **B** **A** J **L**

Q V D E **A** V **M** G **C** D D R D L G W H **O** **R** S **A**

U Z P M **N** **A** **A** Z K **C** **H** **A** **N** **D** **L** **E** **R** **I** **E** F **N**

H W Q **I** **A** **L** D R **I** A U R P W Z R O **S** **D** I **D**

P B A **R** U L **I** N **N** **S** **P** **O** **K** **A** **N** **E** J **E** O H K

D V Z **V** C E **S** H **N** **C** **S** **C** **O** **T** **T** **S** **D** **A** **L** **E** O

Y F U **I** V **Y** O Q **E** K **L** **U** **B** **B** **O** **C** **K** O S G V

F U Y **N** S Z **N** F **Y** E X **G** **I** **L** **B** **E** **R** **T** I M B

S G F **G** K K V **B** **I** **R** **M** **I** **N** **G** **H** **A** **M** F P F W

MODESTO, FONTANA, MCKINNEY, TACOMA, RENO, GLENDALE, ROCHESTER, BIRMINGHAM, MORENO VALLEY, LAREDO, LUBBOCK, GARLAND, SPOKANE, SCOTTSDALE, NORFOLK, FAYETTEVILLE, JERSEY, RICHMOND, AMARILLO, HIALEAH, OXNARD, GILBERT, BOISE, CHANDLER, BUFFALO, IRVING, MADISON, FREMONT

P F M T C W H K A L E X A N D R I A C
M R C J O J U N K S O L J H H M P G X
E C V Q C W N O T A N A C A S O B Q Q
G L A X E O T X S L T K V Y P F R Y H
M Q N B A R S V A E A E M W R J O L R
O U C L N C V I K M R W O A I H W C O
B K O L S E I L R S I O N R N U N T W
I T U A I S L L O J O O T D G T S M S
L X V N D T L E N M Q D G G F E V E I
E C E C E E J A C K S O N I M I H O
N R R A U R F R I S C O M W E P L E U
A U M S T P K M O S W O E X L E L U X
M A H T T T P W F O G E R G D Y E G
N F C E Z J K R E U O T Y O P Y L E F
D C W R P K S H R E V E P O R T R N A
M A Y O P E O R I A U Z J X X M O E L
M R X A I W X U P R O V I D E N C E L
I Y D I J Y U E D J O J P R A V Y C S
M N T A L L A H A S S E E E J N H C S

SIOUX FALLS, WORCESTER, VANCOUVER, BROWNSVILLE,
PROVIDENCE, MOBILE, JACKSON, PEORIA, SHREVEPORT, FRISCO,
MONTGOMERY, KNOXVILLE, LANCASTER, TEMPE, EUGENE, AKRON,
SALEM, ALEXANDRIA, LAKEWOOD, OCEANSIDE, CARY, SPRINGFIELD,
HUNTSVILLE, HAYWARD, ONTARIO, TALLAHASSEE

Z	A	R	Z	W	P	A	S	A	D	E	N	A	M	B	V	C	O	I	C
J	H	X	I	O	R	A	N	G	E	M	M	Z	Z	S	H	L	Q	F	O
S	T	R	N	X	V	W	S	C	Q	I	J	O	L	A	T	H	E	B	U
R	R	O	S	E	V	I	L	L	E	D	O	D	V	I	S	P	N	R	J
P	L	K	C	P	O	M	O	N	A	L	K	N	Q	D	Y	A	A	I	O
V	M	X	L	K	Y	K	K	Y	X	A	W	A	C	O	R	L	P	D	L
S	P	H	A	X	J	M	L	T	F	N	P	J	F	Q	A	M	E	G	I
D	S	U	R	P	R	I	S	E	K	D	M	V	S	E	C	D	R	E	E
T	S	F	K	N	E	R	O	C	K	F	O	R	D	P	U	A	V	P	T
O	U	F	S	I	S	A	T	K	I	L	L	E	E	N	S	L	I	O	U
R	N	D	V	F	C	M	D	U	T	S	C	H	K	W	E	E	L	R	R
R	N	E	I	A	O	A	F	D	H	Y	H	I	V	K	N	H	L	T	U
A	Y	N	L	F	N	R	J	I	O	M	A	I	W	F	Q	M	E	M	P
N	V	T	L	S	D	A	M	U	R	F	R	E	E	S	B	O	R	O	V
C	A	O	E	Z	I	Q	F	J	N	F	L	M	E	S	Q	U	I	T	E
E	L	N	U	L	D	E	A	O	T	U	E	K	M	C	A	L	L	E	N
G	E	Y	P	C	O	V	R	K	O	L	S	P	A	T	E	R	S	O	N
B	E	L	L	E	V	U	E	T	N	X	T	K	Q	P	U	R	J	O	M
Y	K	A	S	A	V	A	N	N	A	H	O	W	G	K	O	J	D	T	D
V	F	U	L	L	E	R	T	O	N	B	N	D	Y	J	N	X	F	J	U

MURFREESBORO, SYRACUSE, OLATHE, BELLEVUE, JOLIET, PASADENA, MCALLEN, NAPERVILLE, ROCKFORD, WACO, SURPRISE, MIRAMAR, DENTON, MIDLAND, SAVANNAH, SUNNYVALE, ESCONDIDO, MESQUITE, CHARLESTON, KILLEEN, THORNTON, ORANGE, POMONA, TORRANCE, BRIDGEPORT, FULLERTON, PATERSON, PALMDALE, CLARKSVILLE, ROSEVILLE

I T L X X R J W B Z V G C S U O V D F N W

C A L C U L A T I N G U F X I D F R M R G

J F C G A I N E S V I L L E M Q K Y J F Y

D F O E N N K Z C Z A E P X A I G I O I O

H Y R C H P H I I U Q C W E L R S M O R Z

M W A L W G I X C H U B B Y E Q Y M U S C

E U L O P F G J I D I O T I C T V O T T V

R K U B C H V H A N D S O M E L Y R E S

E S S D U O F P I P Z P V W N J F U A D Z

L E P Y S L A T H A L T I N G N R A G N D

T C R B X U L J B C C I S D R U N K E Q Y

N O I J C M U B K D A N A P A L E J O Z U

K N N T W B T E L B R Q L H I D E O U S M

M D G Z N I I S A D R U I Z C Z S T S X A

C S S R X A N Q S I O I A M X F T H W R T

W I N N O C E N T S L S W Y G L R A L N U

G R A N D I O S E C L I O S E G A D E T R

A E E T Q T S J J R T T Y J R A N S G Q E

W A I T I N G X A E O I F Z I B G L U Y Q

D I F F E R E N T E N V X J K W E Z X V W

W E L A S T I C O T Z E W V D U R G E T Q

CARROLLTON, HIGHFALUTIN, STRANGE, COLUMBIA, VISALIA,
HIDEOUS, ELASTIC, MALE, MATURE, HALTING, HANDSOMELY, SAD,
OUTRAGEOUS, GAINESVILLE, DISCREET, INNOCENT, SECOND, IDIOTIC,
MERE, CHUBBY, FIRST, CALCULATING, CLOUDY, DRUNK, WAITING,
CORAL SPRINGS, PALE, GRANDIOSE, INQUISITIVE, DIFFERENT

U Y W U S C A G E Y J O Y N F S J B W
J E U S H J Z K R H Z L F F R U T Z I
N N N L I J V U E J U G I Q S O K D T
A E V K L W M R D H I L C H U B B Y I
V X K T A I Q V H A N D S O M E L Y M
T N D S R N A D H E S I V E O V F F T
B N R A I S S H P F L M A T U R E A J
R E U D O I F A O N V W S H T E E F P
S B N W U D R L W I C A P M R G A A E
T U K N S I U T E N E I I E A R V S F
R L I P H O M I R N L T R R G A A C U
A O K F K U A N F O A I I E E N I I C
N U X K W S L G U C S N N Y O D L N L
G S S C A R E D L E T G G M U I A A O
E Y F I R S T M I N I C F G S O B T U
O G U L L I B L E T C Y B U N S L E D
O I Z K Q L Y I N G K P M W P E E D Y
O M T O F W S I N Q U I S I T I V E E
M R N I S G M A H I D E O U S Q D Y B

SCARED, HANDSOMELY, NEBULOUS, INSIDIOUS, OUTRAGEOUS,
CAGEY, CHUBBY, MERE, ADHESIVE, HALTING, SAD, ELASTIC, MALE,
POWERFUL, HIDEOUS, GRANDIOSE, STRANGE, FASCINATED,
INNOCENT, GULLIBLE, ASPIRING, MATURE, INQUISITIVE, CLOUDY,
WAITING, DRUNK, AVAILABLE, FIRST, HILARIOUS, LYING

R	E	D	E	L	I	G	H	T	F	U	L	W	P	X	X	R	T	I
T	X	Y	N	N	O	Q	E	S	T	R	A	N	G	E	H	P	P	N
W	D	J	D	X	J	D	I	S	C	R	E	E	T	F	A	P	E	Q
A	R	H	I	E	C	F	G	X	Y	U	M	D	R	Y	N	V	W	U
I	U	I	F	Q	O	A	S	L	L	S	B	X	A	E	D	I	N	I
T	N	D	F	G	M	S	C	I	K	J	U	F	D	H	S	T	W	S
I	K	E	E	U	M	C	A	H	M	A	L	E	H	H	O	Z	I	
N	K	O	R	L	O	I	R	I	A	Q	A	M	E	C	M	A	W	T
G	E	U	E	L	N	N	E	G	H	N	R	W	S	C	E	N	N	I
W	Z	S	N	I	F	A	D	H	I	X	O	O	I	W	L	K	F	V
J	H	J	T	B	Z	T	E	F	L	Z	M	Z	V	B	Y	F	O	E
U	U	T	A	L	I	E	S	A	A	I	A	M	E	R	E	U	S	V
B	A	D	Y	E	E	D	G	L	R	D	T	R	S	F	I	L	R	P
J	K	S	I	F	Q	Z	B	U	I	I	I	G	R	O	O	V	Y	T
A	S	P	I	R	I	N	G	T	O	O	C	S	X	P	B	B	Z	B
H	H	U	C	S	O	S	D	I	U	T	P	O	W	E	R	F	U	L
F	W	C	Z	W	X	I	Y	N	S	I	I	N	N	O	C	E	N	T
U	N	P	C	A	G	E	Y	E	U	C	O	F	O	L	C	J	P	I
X	L	O	U	T	R	A	G	E	O	U	S	P	D	V	M	Y	W	X

GULLIBLE, THANKFUL, SCARED, OUTRAGEOUS, DRY, BAD, DRUNK, MERE, DIFFERENT, HIGHFALUTIN, ADHESIVE, IDIOTIC, DISCREET, GROOVY, ASPIRING, DELIGHTFUL, STRANGE, POWERFUL, CAGEY, MALE, HANDSOMELY, INNOCENT, HIDEOUS, HILARIOUS, AROMATIC, COMMON, INQUISITIVE, FASCINATED, WAITING

S T R A N G E F H Z N M R N G D T T
C O X R X X F D I Y E O L R U I E A
C L O U D Y A B D J M J P J L S K S
M E P Q R I S T E S Q C A U L C P P
F I R S T D C D O Q Z D F P I R K I
E Q T K C I I G U U H D R I B E B R
F G V G H O N I S N I K G W L E V I
I R I A U T A V A I L A B L E T K N
N A I O B I T Y I T A R L Y I N G G
N N T R B C E F T E R A D E Z L I V
O D D E Y R D A K D I B R L M E R E
C I R T S N E B U L O U S A C N H B
E O U M A L E V U A B S S D S A R
N S N W A I T I N G S J C T K C L K
T E K U B K N C A G E Y A I Z A T A
T H A N K F U L N B K B R C G N I O
M A T U R E E D M E P C E J R S N G
Z L E Y I I F H Q S S A D D L C G K

INNOCENT, HIDEOUS, IDIOTIC, FIRST, LYING, MALE, GULLIBLE,
SCARED, AVAILABLE, CAGEY, ELASTIC, FASCINATED, STRANGE,
WAITING, ASPIRING, THANKFUL, GRANDIOSE, HALTING, HILARIOUS,
NEBULOUS, MATURE, CHUBBY, SAD, MERE, DRUNK, DISCREET,
CLOUDY

HIDEOUS, AVAILABLE, GODLY, SCARED, CALCULATING, SECOND,
MALE, INQUISITIVE, NEBULOUS, GRANDIOSE, IDIOTIC, THANKFUL,
DISGUSTED, CAGEY, CLOUDY, HIGHFALUTIN, POWERFUL, HILARIOUS,
ELASTIC, PALE, STRANGE, WAITING, GULLIBLE, HALTING, SAD,
DISCREET, FIRST, ADHESIVE, ASPIRING

J I N Q U I S I T I V E N D C F E K U
C Z V F P Z G L A G R T I R H I U C O
Y E L A S T I C D M D A A U U R T K I
P S T R A N G E H A D F D N B S I Q N
C I Q D E O X E E L I Y I K B T N E S
C L V J U U G R S E F O S L Y H N U I
A H U T U T R C I Z F R C K C G O X D
G S A D W R A A V A E M R M Z S C M I
E A G H I A N S E F R E E P A L E X O
Y E U A M G D P G B E R E A F X N M U
O P L N H E I I H N N E T B J G T T S
E O L D I O R O K T E M Y D L J H A
P W I S L U S I M A T U R E Q F F A U
E E B O A S E N W A I T I N G L B N B
R R L M R B Z G T R S H A M X G I K H
S F E I F A S C I N A T E D R X F N
S U M L O Z W H A L T I N G X I N U R
D L W Y U H G N G O D L Y P G P D L T
Y C J E S V Q L L L Y I N G P R D A Z

GRANDIOSE, INNOCENT, HILARIOUS, ASPIRING, THANKFUL, MALE,
SAD, GULLIBLE, HANDSOMELY, GODLY, INSIDIOUS, ELASTIC,
DIFFERENT, POWERFUL, STRANGE, MERE, DISCREET, OUTRAGEOUS,
PALE, WAITING, CHUBBY, MATURE, LYING, CAGEY, FIRST,
INQUISITIVE, HALTING, DRUNK, ADHESIVE, FASCINATED

E M A T U R E R O E W K W H B B T C K
E E X D W Z A X P G A D I S C R E E T
N E B U L O U S O L I F Z E T U Z P Y
I N N O C E N T W X T I M I H Y Z U T
S I F A G O W S E V I R E H T K D T J
K D K D U K O A R Y N S R I L Y I N G
S I H H L E U D F P G T E L H B U J D
R O I E L O T S U P A L E A A F L D I
I T D S I N H A L T I N G R N A A I H
C I E I B F Q D R U N K L I D S S F I
S C O V L J K V M Q S I P O S C P F G
E U U E A G H A D K R Z U O I I E H
C G S A M A L E D K A U C S M N R R F
O A I N Q U I S I T I V E U E A I E A
N L O Z K Y S T R A N G E J L T N N L
D E D V Z Y G V B H F J S K Y E G T U
P K C A L C U L A T I N G Q E D M T T
Q E J Y B Q K Z N E L N S C A R E D I
X Z F C A G E Y H F Z I I L T W S N N

HILARIOUS, INNOCENT, MALE, POWERFUL, HALTING, GULLIBLE,
DRUNK, LYING, SECOND, MATURE, FASCINATED, SCARED, CAGEY,
INQUISITIVE, HIDEOUS, DISCREET, HANDSOMELY, STRANGE, PALE,
DIFFERENT, WAITING, ASPIRING, IDIOTIC, HIGHFALUTIN, NEBULOUS,
ADHESIVE, CALCULATING, MERE, SAD, FIRST

N H J H C H P R B R J A J N V I A Y C
S I G I A A A S T R A N G E X N D E L
E L O G L N L M A T U R E B U S H E M
C A K H C D E U U A F K I U J I E H M
O R S F U S Z S T S N Y O L M D S C O
N I C A L O B A H P I D O O Q I I H U
D O A L A M O D A I D I G U O O V U T
J U R U T E Z L N R I F C S P U E B R
U S E T I L S G K I O F H G N S M B A
R X D I N Y G P F N T E D G O D L Y G
R K C N G Q D J U G I R P J N K C E E
D F I F I R S T L D C E O Z C V V U O
Q F D R Y X W A E C M N W R L D Q O U
G U L L I B L E I A E T E W O E M G S
O I N Q U I S I T I V E R V U T R L U
I W A I T I N G H K U F F N D P F C E
R B A V A I L A B L E U I Y N S W O
G E B D I S G U S T E D L F O Y I A E
U D I S C R E E T Z L B S Q Q X Z Z P

POWERFUL, FIRST, CHUBBY, OUTRAGEOUS, DISGUSTED, GULLIBLE,
IDIOTIC, HILARIOUS, WAITING, DRY, AVAILABLE, HIGHFALUTIN,
CLOUDY, SAD, NEBULOUS, SECOND, HANDSOMELY, THANKFUL,
INQUISITIVE, PALE, CALCULATING, SCARED, GODLY, MATURE,
INSIDIOUS, DIFFERENT, DISCREET, STRANGE, ASPIRING, ADHESIVE

L U W T S I H M A T U R E A Z K X C H
L A A D T D A A D H E S I V E G U D Q
D M I R R I L L K A H I J I O H K K J
R C T U A O T J F X I T I N X V V B Q
M S I N N T I P R R G Z J N J A D D I
W C N K G I N F L E H F S O S V I U N
M A G N E C G A U F F G I C Q A S S Q
H R F H C H U B B Y A J N E H I G O U
J E W G N G H R L G L F S N D L U U I
A D G U L L I B L E U D I T I A S T S
R Y E G J X K B I R T I D H F B T R I
O H I L A R I O U S I S I L F L E A T
M Q F H I D E O U S N C O U E E D G I
A G O D L Y G O S P T R U D R G E E V
T B O H W D R Y A F T E S B E G Y O E
I K L Y I N G M D I W E D N Y Z U I
C R V C Z T M A F R I T P B T G E S U
L G V V W S M L J S X M I F K M W O N
A J H O J T Z E J T V P O W E R F U L

DISCREET, LYING, CHUBBY, SCARED, INNOCENT, OUTRAGEOUS,
HIDEOUS, HALTING, MATURE, MALE, STRANGE, GODLY, DIFFERENT,
INSIDIOUS, DISGUSTED, AVAILABLE, HIGHFALUTIN, ADHESIVE,
IDIOTIC, POWERFUL, GULLIBLE, FIRST, AROMATIC, INQUISITIVE, DRY,
SAD, HILARIOUS, WAITING, DRUNK

E X Z T Z P E S N Y Z W F S P G M G M
V Y A X V O I S J E J Y A N W U E J W
W M Z G L W Y V D L L C S S Y J R R Y
I N N O C E N T R A W K C K J Q E O B
N M A T U R E D U S A Q I F R A J S S
K C Y Z X F I I N T I J N A D O A F I
G Y X S J U I F K I T H A N K F U L W
S D Q A G L D F M C I Z T L F I R S T
C L O U D Y I E E U N I E A P R A V H
O D V Q R H O R E Q G C D D K U O J I
U I I Q R A T E R F N H F H O S A D G
T S N R E H I N J S C A R E D O J N H
R G S M X G C T U U U O Z S Y S L E F
A U I H A N D S O M E L Y I V T E B A
G S D C H I L A R I O U S V F R C U L
E T I A X Z D N K J F P H E Q A W L U
O E O G A S P I R I N G L U U N J O T
U D U E G U L L I B L E L E V G N U I
S G S Y R Q T R B C H U B B Y E S S N

SAD, ELASTIC, HANDSOMELY, DRUNK, CHUBBY, ASPIRING, WAITING,
INNOCENT, ADHESIVE, CLOUDY, THANKFUL, FIRST, DIFFERENT,
STRANGE, IDIOTIC, HILARIOUS, SCARED, POWERFUL, DISGUSTED,
HIGHFALUTIN, FASCINATED, MATURE, GULLIBLE, OUTRAGEOUS,
CAGEY, INSIDIOUS, NEBULOUS, MERE

ASPIRING, DRY, CAGEY, STRANGE, MERE, FIRST, GODLY, AVAILABLE, HILARIOUS, INNOCENT, LYING, DISGUSTED, CALCULATING, HANDSOMELY, IDIOTIC, ADHESIVE, DISCREET, CLOUDY, PALE, MALE, MATURE, INQUISITIVE, HIDEOUS, GULLIBLE, OUTRAGEOUS, ELASTIC, CHUBBY, HALTING

E	U	M	I	V	A	F	F	L	R	Z	N	E	B	U	L	O	U	S
K	N	U	E	V	V	M	T	P	A	W	I	D	I	O	T	I	C	K
Y	O	B	N	H	A	L	T	I	N	G	H	X	J	C	W	F	T	B
H	T	G	V	H	I	N	Q	U	I	S	I	T	I	V	E	C	H	I
A	C	R	B	I	L	M	I	N	N	O	C	E	N	T	J	A	A	H
N	S	A	D	D	A	I	V	S	U	S	A	T	A	G	M	L	N	W
D	L	R	S	E	B	A	G	C	A	G	E	Y	Q	U	Q	C	K	F
S	L	L	D	O	L	X	F	I	R	S	T	M	D	L	X	U	F	A
O	L	I	I	U	E	W	I	L	U	J	A	A	R	L	W	L	U	S
M	A	Y	M	S	Y	Q	Q	N	S	Y	D	T	U	I	H	A	L	C
E	D	I	S	C	R	E	E	T	T	I	I	U	N	B	I	T	E	I
L	P	A	L	E	W	L	L	A	R	D	F	R	K	L	L	I	A	N
Y	O	C	R	Y	C	Y	A	S	A	V	F	E	T	E	A	N	Y	A
T	W	L	M	Q	V	I	S	P	N	A	E	T	F	M	R	G	Z	T
D	E	O	A	Y	U	N	T	I	G	G	R	A	N	D	I	O	S	E
B	R	U	L	S	O	G	I	R	E	M	E	B	S	F	O	L	M	D
G	F	D	E	X	R	M	C	I	A	F	N	W	S	C	U	E	J	V
E	U	Y	R	G	X	W	D	N	O	J	T	K	L	H	S	P	G	R
L	L	M	O	X	U	Q	N	G	I	N	S	I	D	I	O	U	S	W

DRUNK, HANDSOMELY, STRANGE, MATURE, THANKFUL, DISCREET, HIDEOUS, GRANDIOSE, FIRST, SAD, INQUISITIVE, FASCINATED, PALE, CLOUDY, HILARIOUS, HALTING, CALCULATING, AVAILABLE, CAGEY, DIFFERENT, GULLIBLE, ELASTIC, POWERFUL, NEBULOUS, IDIOTIC, ASPIRING, INSIDIOUS, MALE, LYING, INNOCENT

D H **G** B S **G R A N D I O S E** O K I E Q
T I **U** T Q E P S **S E C O N D** Y A C C F
H S **L** I **N** **N** O C E **N** T C G X D W **H** B T
A X **L** Y L **C A G E Y** J **A** J N F F **I** X R
N J **I** R U S **H** S N X Q **L** G Q J Q **G** N F
K S **B** O **I D I O T I C** C W S F A **H** U T
F L **L** X F B **L** C G W M **U** M **A** L E F X L
U Z **E** S A D A H D **P** B **L** I P K Y **A** L Y
L D Q H D W **R** U W **A** V **A I L A B L E** W
G O D L Y I I B M **L** U **T** N W A **N** U R **W**
C L O U D Y O B Y **E** E **I** D Q **D** E T D **A**
V **F I R S T** U Y Y B Z **N** W O **R** B I Y **I**
J Z **A D H E S I V E** L G A B **U** U **N** H **T**
J Y R Y F **D I F F E R E N T** N **L** E V **I**
L X B S D **P O W E R F U L** E **K** O N P **N**
Z **O U T R A G E O U S** X D E N **U** M S **G**
G E F B **D I S C R E E T** C I Z S Z L F
C P Y I Y W **I N Q U I S I T I V E** P W
K A **D I S G U S T E D** R W H P R A E F

DIFFERENT, INQUISITIVE, DISGUSTED, CALCULATING, HILARIOUS,
AVAILABLE, WAITING, GULLIBLE, GRANDIOSE, CAGEY, OUTRAGEOUS,
HIGHFALUTIN, CHUBBY, SAD, MALE, GODLY, FIRST, NEBULOUS,
THANKFUL, POWERFUL, IDIOTIC, SECOND, INNOCENT, PALE,
ADHESIVE, CLOUDY, DRUNK, DISCREET

J I J H A D M X R I N N O C E N T Y Y
Q I C I B V I L P O W E R F U L Z Y G
E E W D D J W X E L A S T I C X I H O
D B U E C L O U D Y K S K O I E W Z D
L V X O S R T M A T U R E A M P J D L
X P O U Y E H P K E U Y L V K O J I Y
E O T S G R A N D I O S E A D U N F T
C F A S C I N A T E D I H I I T D F M
O V D S K D K R D L B N I L S R I E T
F R S U Q M F A C G W F L A C A S R W
N Y N Q V E U S Y P H I A B R G G E P
H Y E V G R L P D R Y R R L E E U N S
A O B X C E G I I Y R S I E E O S T A
L T U T A R T R P N W T O U T U T R G
T L L G G M V I A I Z A U W Q S E F B
I Y O O E F Y N L D K H S F G C D T L
N I U J Y W X G E H A N D S O M E L Y
G N S G B S H O G U L L I B L E G S S
L G K W A I T I N G E E C Z N Z N I K

HIDEOUS, POWERFUL, LYING, AVAILABLE, ELASTIC, WAITING,
CLOUDY, FASCINATED, ASPIRING, HALTING, DIFFERENT, MERE,
DISGUSTED, GRANDIOSE, GODLY, GULLIBLE, HILARIOUS, INNOCENT,
CAGEY, PALE, OUTRAGEOUS, HANDSOMELY, FIRST, DISCREET,
THANKFUL, NEBULOUS, MATURE, DRY

E	A	D	H	A	N	D	S	O	M	E	L	Y	E	F	C	J	A	I
F	O	I	J	V	I	X	H	M	M	M	A	S	A	D	W	F	O	Z
C	H	S	K	V	N	T	Z	A	U	P	D	S	C	A	R	E	D	S
R	I	C	P	T	Q	R	C	T	Q	A	S	P	I	R	I	N	G	J
W	G	R	O	E	U	C	S	U	S	H	I	L	A	R	I	O	U	S
D	H	E	W	T	I	S	Y	R	S	E	C	O	N	D	A	O	X	B
H	F	E	E	B	S	H	P	E	W	I	N	N	O	C	E	N	T	I
A	A	T	R	I	I	H	I	D	E	O	U	S	V	V	G	H	M	C
L	L	V	F	N	T	O	U	T	R	A	G	E	O	U	S	O	D	A
T	U	L	U	S	I	E	A	V	C	H	U	B	B	Y	V	G	I	L
I	T	C	L	I	V	H	X	I	C	P	S	C	I	I	R	R	F	C
N	I	S	S	D	E	Y	N	C	A	G	E	Y	D	M	P	A	F	U
G	N	R	F	I	T	E	A	E	I	N	M	G	I	J	D	N	E	L
I	J	P	Q	O	L	Y	I	N	G	K	E	O	O	Q	R	D	R	A
T	N	E	B	U	L	O	U	S	P	J	R	D	T	S	U	I	E	T
K	K	R	R	S	C	L	O	U	D	Y	E	L	I	D	N	O	N	I
K	U	N	Q	H	D	L	Q	F	V	V	E	Y	C	N	K	S	T	N
H	Q	Q	G	N	W	Y	Y	F	A	S	C	I	N	A	T	E	D	G
S	C	W	X	W	K	O	Y	T	Q	A	R	O	M	A	T	I	C	M

INSIDIOUS, INQUISITIVE, MERE, GRANDIOSE, DISCREET, CHUBBY, NEBULOUS, SAD, INNOCENT, AROMATIC, ASPIRING, SECOND, LYING, FASCINATED, DIFFERENT, CLOUDY, OUTRAGEOUS, MATURE, SCARED, IDIOTIC, CAGEY, HIDEOUS, HALTING, HIGHFALUTIN, POWERFUL, HANDSOMELY, DRUNK, HILARIOUS, CALCULATING, GODLY

```
X  O  B  D  I  F  F  E  R  E  N  T  B  A  C  C  V  G  O
J  P  L  X  R  K  D  Y  W  H  V  A  R  O  M  A  T  I  C
N  P  G  R  A  N  D  I  O  S  E  C  L  L  Y  B  S  F  B
D  R  V  V  U  I  C  G  I  N  Q  U  I  S  I  T  I  V  E
Y  T  O  B  A  D  P  O  H  B  X  Q  X  C  D  E  S  H  H
T  U  H  A  N  D  S  O  M  E  L  Y  H  H  I  D  U  K  I
I  X  Q  O  S  C  A  R  E  D  F  U  L  Q  S  A  F  D  L
N  P  R  Z  R  F  I  R  S  T  N  M  I  A  G  Y  I  F  A
S  Z  D  I  S  C  R  E  E  T  G  R  N  X  U  G  U  A  R
I  D  O  U  T  R  A  G  E  O  U  S  N  Y  S  Q  B  S  I
D  E  A  K  N  O  T  T  Y  T  L  E  O  M  T  O  P  C  O
I  L  V  G  O  D  L  Y  C  H  L  R  C  A  E  Y  O  I  U
O  I  A  C  O  M  M  O  N  A  I  S  E  D  D  H  W  N  S
U  G  I  M  Y  H  N  Z  H  N  B  T  N  H  G  B  E  A  L
S  H  L  A  G  A  B  X  K  K  L  R  T  E  O  T  R  T  M
G  T  A  T  Z  Q  U  E  J  F  E  A  N  S  A  D  F  E  C
V  F  B  U  L  Y  I  N  G  U  Z  N  F  I  K  O  U  D  K
V  U  L  R  G  A  K  C  B  L  P  G  Z  V  X  C  L  V  V
B  L  E  E  A  C  L  O  U  D  Y  E  S  E  J  J  G  U  E
```

DISCREET, INNOCENT, POWERFUL, DIFFERENT, KNOTTY,
OUTRAGEOUS, STRANGE, SCARED, AVAILABLE, INQUISITIVE, BAD,
FIRST, ADHESIVE, SAD, THANKFUL, HILARIOUS, MATURE,
FASCINATED, LYING, AROMATIC, COMMON, HANDSOMELY,
DISGUSTED, GODLY, GULLIBLE, GRANDIOSE, CLOUDY, INSIDIOUS,
DELIGHTFUL

Z J H A N D S O M E L Y K G B G D U K
W L E X R D T W N O T I V L M M I W Z
T D G Y A S R E T U H L Y I N G F N N
O V P C H E A T M T A P E B W R F Q G
Q M A G I C N S G R N X A X F U E H O
G G R Q N O G C G A K S H M Q D R I D
V N O H Q N E A U G F U I T F I E L L
W M M D U D O R N E U A D L A S N A Y
A S A D I B J E K O L X E B S G T R Z
I I T A S X Q D R U N K O E C U V I N
T D I V I H I J A S P M U P I S E O T
I I C A T B K N S C V K S O N T R U A
N O H I I W Q I P M A L E W A E K S T
G T H L V X P D I S C R E E T D N X Y
G I W A E F W O R M E R E R E I U P S
A C T B G U L L I B L E B F D X R V F
H H A L T I N G N M Q Z X U A R G M R
U J F E V C A M G X R H A L F I R S T
R D B I P A L E T Z H J J J D J M Y N

INQUISITIVE, DISGUSTED, FIRST, STRANGE, SAD, WAITING,
AVAILABLE, LYING, ASPIRING, POWERFUL, MERE, PALE, HIDEOUS,
GULLIBLE, HALTING, DIFFERENT, FASCINATED, OUTRAGEOUS,
AROMATIC, MALE, GODLY, HANDSOMELY, THANKFUL, SCARED,
SECOND, DRUNK, IDIOTIC, HILARIOUS, DISCREET

A	K	A	R	X	M	S	G	D	I	F	F	E	R	E	N	T	A	I
D	I	S	C	R	E	E	T	H	O	L	K	G	E	T	M	F	D	J
T	L	R	U	X	D	I	S	G	U	S	T	E	D	D	R	I	H	E
N	X	G	W	E	C	A	L	C	U	L	A	T	I	N	G	R	E	Q
E	N	N	K	O	J	L	T	Z	U	S	I	Y	N	X	N	S	S	A
B	H	I	G	H	F	A	L	U	T	I	N	L	Q	X	P	T	I	I
U	Y	H	I	L	A	R	I	O	U	S	G	R	U	P	F	U	V	N
L	V	W	P	F	G	U	L	L	I	B	L	E	I	V	A	P	E	S
O	U	T	R	A	G	E	O	U	S	J	Z	I	S	A	S	D	T	I
U	O	F	C	E	M	Y	S	C	A	R	E	D	I	U	C	B	B	D
S	C	I	L	L	E	K	H	M	U	I	B	X	T	F	I	K	M	I
I	H	D	Y	A	R	O	M	A	T	I	C	X	I	A	N	A	D	O
Q	U	I	I	S	D	S	T	R	A	N	G	E	V	S	A	B	P	U
R	B	O	N	T	R	G	U	D	S	S	P	C	E	P	T	D	Q	S
Z	B	T	G	I	U	H	C	A	G	E	Y	L	L	I	E	Z	E	G
P	Y	I	N	C	N	A	Q	F	G	C	F	O	V	R	D	X	M	R
V	Y	C	B	E	K	E	B	J	S	O	Y	U	T	I	L	A	E	N
P	O	W	E	R	F	U	L	M	U	N	B	D	T	N	D	U	H	E
K	G	O	D	L	Y	T	R	L	I	D	C	Y	R	G	C	N	F	Y

ADHESIVE, DISGUSTED, FIRST, SCARED, GULLIBLE, SECOND, CHUBBY, POWERFUL, OUTRAGEOUS, AROMATIC, INQUISITIVE, STRANGE, ASPIRING, DIFFERENT, CAGEY, CLOUDY, NEBULOUS, LYING, HILARIOUS, ELASTIC, INSIDIOUS, HIGHFALUTIN, FASCINATED, CALCULATING, IDIOTIC, GODLY, DRUNK, DISCREET

E F S **S T R A N G E** Q S C T E N J A S

K V X G V H A K K **T H A N K F U L** V J

U Z Q X **I G** D **K N O T T Y** I V Z K **H** T

S S C T **N U** X **S C A R E D** F U J V **A** A

O S G E **Q L** E **A A** L X M D P N Z C **L** S

F Y J I **U L M S V Y** V **I I** G G Y **I T F**

D C V **G I I A P A I** O D F J **H** J **N I A**

I W J **O S B L I I N** U I F O I **D N N S**

S A W **D I L E R L G** T O E C G E **O G C**

C I H **L T E E I A** S R T R H H L **C M I**

R T C Y I Z G **N B** W **A I** E U F I E B **N**

E I A X V F D **G L** M **G C N B A G N** J **A**

E N G J **E** B S F **E U E S T B L H T** C **T**

T G E A I U P Y **G R O O V Y U T** T K **E**

Q P **Y** A X Q U **M A T U R E** A T F U T **D**

T Q B **G R A N D I O S E** W B **I U** Z F V

J **H I D E O U S** Y D B W X E **N L** F K Z

I M X **D R Y** R K L N H M Q X S V H B D

P L W **H I L A R I O U S** C P W X P L U

LYING, DRY, AVAILABLE, STRANGE, ASPIRING, OUTRAGEOUS,
CHUBBY, HALTING, IDIOTIC, INQUISITIVE, MATURE, GROOVY,
GRANDIOSE, WAITING, SCARED, FASCINATED, THANKFUL, KNOTTY,
INNOCENT, HILARIOUS, MALE, DELIGHTFUL, HIDEOUS, GULLIBLE,
HIGHFALUTIN, DISCREET, GODLY, DIFFERENT, CAGEY

V F O U T R A G E O U S G A G A V W
G A R O M A T I C B W M R G M V X V
K M E R E Q V R O A N Z A Q Q A H O
D R S S E C O N D D C M N A U I E G
E O S R I D I O T I C U D N M L Y G
R C A F I R S T K J A D I X N A W V
A L D E L I G H T F U L O M X B G T
N O Q T G A R R U L O U S Z U L Y D
G U N D I S G U S T E D E S K E E H
E D Q A U D A F A S C I N A T E D A
D Y N P T S O M A L E F J S V V R L
T W A I T I N G H X C F L M Z M A T
Y D N J S C A R E D A E K A L J Q I
E L A S T I C J A G G R S T O S L N
L X P O W E R F U L E E K U H J L G
F I N N O C E N T F Y N A R J M A D
M O N S T R A N G E H T K E Y V J B
J B Z W M D D I S C R E E T K X Z Q

FASCINATED, AVAILABLE, MERE, SECOND, STRANGE, GARRULOUS, GRANDIOSE, AROMATIC, ELASTIC, IDIOTIC, DISCREET, MATURE, DIFFERENT, WAITING, CLOUDY, OUTRAGEOUS, SAD, HALTING, FIRST, INNOCENT, MALE, CAGEY, SCARED, DERANGED, POWERFUL, DELIGHTFUL, DISGUSTED, BAD

L N M L V I X V **C A G E Y** K V H X U J
M X S H H Z D O O Y S Y **H I D E O U S**
Y O N N **I N Q U I S I T I V E** I D F N
P X N **M A T U R E** U K D X K M **N** S U K
A R **G** Q Z F W U V K V **M E R E E** R J M
L D **R** B N **F A S C I N A T E D B** Z Y G
E V **A** O **H A L T I N G** R O D C U N **A** H
H A N D S O M E L Y W J C I T L U **S** K
X H D B **A** V L **F I R S T** A S H O C **P** M
F I I T **D G O D L Y M** O L C A U S **I** V
M **L** O X **H** I L E L T **A** D C R N S Q **R** J
Q **A** S P **E** D **Y** L X **W** L I U E K M X **I** O
N **R** E D **S** I I A S **A** E F L E F K S **N** P
D **I** Q R **I** O N S G **I** R F A T U L Q **G** D
K **O** R U **V** T G T Y **T** R E T C L O U D **Y**
L **U** N N **E** I Y I S **I** E R I C H U B B Y
P **S** O K **G** C C A N **P** E **N** Q U N U N I
D Q L D A Q M P **D G** G **N** Q D U J D S
C V G N **I N N O C E N T** S X F S H I N

IDIOTIC, HILARIOUS, CAGEY, HALTING, FIRST, MERE, GRANDIOSE,
DIFFERENT, SAD, CALCULATING, ELASTIC, HANDSOMELY, ASPIRING,
INNOCENT, NEBULOUS, MATURE, FASCINATED, CHUBBY, MALE,
ADHESIVE, DRUNK, THANKFUL, CLOUDY, INQUISITIVE, HIDEOUS,
DISCREET, LYING, WAITING, GODLY, PALE

C	C	W	M	M	V	I	M	G	O	D	L	Y	L	I	D	R	M	M
A	C	H	J	A	A	R	O	M	A	T	I	C	E	I	I	O	W	C
L	Q	A	F	T	W	H	Y	D	R	Y	H	O	S	N	S	Z	S	G
C	F	N	A	U	F	N	E	B	U	L	O	U	S	N	C	D	S	Z
U	R	D	S	R	L	Y	I	N	G	L	R	R	B	O	R	W	O	S
L	A	S	C	E	N	R	X	B	D	D	P	J	K	C	E	A	I	C
A	S	O	I	S	E	C	O	N	D	T	D	T	H	E	E	I	G	A
T	P	M	N	E	I	Q	I	C	K	M	J	F	U	N	T	T	U	R
I	I	E	A	H	I	L	A	R	I	O	U	S	A	T	N	I	L	E
N	R	L	T	R	F	P	B	P	H	H	Q	A	D	T	L	N	L	D
G	I	Y	E	N	S	A	D	A	A	O	I	V	H	V	Z	G	I	B
K	N	O	D	Z	G	S	G	L	L	Y	N	A	E	E	T	Y	B	Y
W	G	C	L	O	U	D	Y	E	T	K	S	I	S	O	O	B	L	D
H	I	G	H	F	A	L	U	T	I	N	I	L	I	Z	G	C	E	E
Q	I	D	I	O	T	I	C	B	N	Y	D	A	V	T	A	V	K	D
K	H	S	F	I	R	S	T	O	G	W	I	B	E	P	H	B	V	J
G	G	M	A	L	E	M	F	N	U	Z	O	L	Q	Z	O	C	Z	X
I	N	Q	U	I	S	I	T	I	V	E	U	E	X	T	U	Q	K	E
H	X	S	I	D	R	U	N	K	O	T	S	X	Q	Q	I	M	K	C

HIGHFALUTIN, FASCINATED, HANDSOMELY, ADHESIVE, DRY, SECOND,
DRUNK, WAITING, ASPIRING, GULLIBLE, HILARIOUS, MATURE,
AVAILABLE, GODLY, NEBULOUS, FIRST, PALE, CLOUDY, DISCREET,
HALTING, MALE, INNOCENT, IDIOTIC, INQUISITIVE, SCARED,
INSIDIOUS, LYING, AROMATIC, SAD, CALCULATING

```
S E C O N D M F B F E D B X D N R C Q
F A S C I N A T E D N J P Z I E U A U
I N Q U I S I T I V E E G E S B R L H
V R B X D I S C R E E T P L G U H C C
L R S K D F I R S T G X A A U L R U T
Y A I D R U N K I K B P X S S O C L H
I S N E H I L A R I O U S T T U E A A
N P N E G H A K K S E S K I E S B T N
G I O R F I O R C A G E Y C D S G I K
Y R C C Y G Y E H I D E O U S I Y N F
T I E Q C H U B B Y Q P W P E V A G U
P N N U J F H A N D S O M E L Y E R L
W G T Q S A E I N S I D I O U S G H V
A V P V T L T G U L L I B L E V D M U
E K N A R U R O N X R E K I P A L E Q
V O N Y A T J D Y P H A L T I N G O P
Q T N F N I A L S H P O W E R F U L T
Y W T Y G N C Y A U U X W A I T I N G
U T S S E S V X D T D I F F E R E N T
```

PALE, HANDSOMELY, SAD, HIDEOUS, POWERFUL, WAITING,
DIFFERENT, DISCREET, HIGHFALUTIN, INNOCENT, INQUISITIVE,
DRUNK, HALTING, STRANGE, CAGEY, GULLIBLE, ASPIRING, ELASTIC,
SECOND, NEBULOUS, FIRST, HILARIOUS, DISGUSTED, LYING,
THANKFUL, CHUBBY, GODLY, FASCINATED, CALCULATING, INSIDIOUS

C	T	W	F	S	M	F	H	C	A	G	E	Y	N	M	V	G	B	J
H	A	S	V	C	N	I	I	B	L	A	H	S	J	P	E	S	A	J
U	H	E	A	A	A	R	G	B	V	M	S	E	C	O	N	D	U	S
B	A	P	C	R	S	H	I	L	A	R	I	O	U	S	W	H	V
B	L	Q	R	E	Y	T	F	N	M	T	T	A	N	X	I	B	S	U
Y	T	R	R	D	C	E	A	S	X	U	Z	S	M	Y	B	M	A	O
H	I	D	E	O	U	S	L	I	R	I	P	E	D	O	G	U	U
B	N	P	L	U	X	L	U	D	O	E	D	I	R	I	W	R	F	T
B	G	A	E	L	A	S	T	I	C	W	I	R	E	S	A	A	O	R
R	T	L	M	A	L	E	I	O	E	Y	O	I	I	G	I	N	H	A
Q	A	E	V	V	J	J	N	U	T	Z	T	N	F	U	T	D	U	G
C	O	M	M	O	N	V	A	S	R	R	I	G	C	S	I	I	Q	E
C	V	B	C	V	F	N	I	N	N	O	C	E	N	T	N	O	A	O
N	E	B	U	L	O	U	S	V	W	Y	Y	I	B	E	G	S	C	U
Y	Z	R	U	Q	S	K	G	N	K	G	Y	V	E	D	E	E	L	S
A	V	A	I	L	A	B	L	E	Y	D	T	Y	G	Y	E	T	O	V
D	I	S	C	R	E	E	T	N	P	Z	Z	M	U	Q	B	P	U	O
C	L	Y	I	N	G	Q	P	F	R	H	H	D	D	S	T	M	D	H
B	Q	U	F	P	B	R	G	N	C	D	R	U	N	K	X	U	Y	B

AVAILABLE, HIDEOUS, NEBULOUS, COMMON, HILARIOUS,
GRANDIOSE, WAITING, CAGEY, INNOCENT, OUTRAGEOUS, CHUBBY,
FIRST, LYING, DISCREET, CLOUDY, HALTING, HIGHFALUTIN, MERE,
MATURE, PALE, ASPIRING, INSIDIOUS, DRUNK, SECOND, ELASTIC,
DISGUSTED, IDIOTIC, SCARED, MALE

A B K **D** Y F K V **F A S C I N A T E D** D
C S **F** **R** R E K C Z X Q L D **M** E **R** E F D
O T **I** **Y** V C T C **D I F F E R E N T** Y E
M W **R** **P** **A** **L** **E** Q B E A G C V S Q K M **R**
M I **S** S W **A** D E **L** I G H T F U L O **G** **A**
O O **T** U H **R** S B R **C** L O U D Y H L **R** **N**
N H **I** D E **O** U S P A M **T** S **W** O **A** Y O **G**
C A G E Y **M** B G I T S **H** **A** **A** P **N** S O **E**
T **O U T R A G E O U S** A S I K **D** C V D
A E K B Q **T** **A** **N** D C **P** **N** **P** T X **S** **A** Y A
E Y M L J **I** **C** **E** K O **O** **K** **I** **I** O **O** **R** I R
W F I K V **C** **I** **R** O N **W** **F** **R** **N** L **M** **E** H T
I V G D S W **D** **A** L V **E** **U** **I** **G** C **E** **D** J L
A V A I L A B L E I **R** **L** **N** B H **L** F S F
W **G R A N D I O S E** F E **G** J Z **Y** U P H
H X K **H I L A R I O U S** H M X G J Q K
D I S G U S T E D Q L T O I S Y Y I D
L K N M N E H E U **D I S C R E E T** T T
Z U C B U **H A L T I N G** U S E H T F B

DIFFERENT, POWERFUL, MERE, PALE, DISGUSTED, AROMATIC,
DISCREET, CLOUDY, THANKFUL, GRANDIOSE, WAITING, HALTING,
SCARED, DELIGHTFUL, HILARIOUS, ASPIRING, HIDEOUS,
OUTRAGEOUS, CAGEY, AVAILABLE, FIRST, GROOVY, ACID, DERANGED,
HANDSOMELY, FASCINATED, COMMON, GENERAL, DRY

O	F	R	W	S	P	K	E	L	D	M	E	R	E	Q	S	D	B	R
U	Q	D	A	C	I	N	N	O	C	E	N	T	A	Z	M	J	H	Q
T	W	I	I	A	N	V	D	E	L	I	G	H	T	F	U	L	A	D
R	T	S	T	R	I	H	P	F	Q	K	L	W	B	T	E	Q	N	R
A	M	G	I	E	L	A	S	T	I	C	A	O	F	Q	O	A	D	U
G	A	U	N	D	C	L	G	R	A	N	D	I	O	S	E	V	S	N
E	T	S	G	M	A	L	E	X	I	P	T	Z	Z	T	V	R	O	K
O	U	T	B	F	G	W	B	F	T	O	J	F	I	R	S	T	M	P
U	R	E	I	Y	E	I	N	Q	U	I	S	I	T	I	V	E	E	O
S	E	D	W	Z	Y	M	X	S	T	R	A	N	G	E	A	W	L	R
J	V	B	B	V	Z	U	Q	C	D	H	Q	V	O	D	D	R	Y	A
X	S	E	C	O	N	D	G	Q	O	M	Q	H	I	I	H	H	T	U
V	J	K	U	W	H	A	L	T	I	N	G	I	D	S	E	L	S	S
U	P	O	W	E	R	F	U	L	G	U	O	D	I	C	S	X	S	T
W	S	B	D	W	Y	P	A	L	E	I	J	E	O	R	I	L	C	B
C	A	S	P	I	R	I	N	G	A	C	P	O	T	E	V	Y	F	L
H	I	G	H	F	A	L	U	T	I	N	B	U	I	E	E	I	P	V
Z	Q	H	C	U	Q	H	N	B	P	F	B	S	C	T	X	N	I	F
V	R	W	Z	S	X	C	A	L	C	U	L	A	T	I	N	G	M	J

INNOCENT, LYING, PALE, MALE, ASPIRING, DISGUSTED, STRANGE, ELASTIC, FIRST, SECOND, DELIGHTFUL, CALCULATING, HIDEOUS, DRUNK, DRY, WAITING, CAGEY, OUTRAGEOUS, HIGHFALUTIN, HANDSOMELY, MERE, IDIOTIC, HALTING, GRANDIOSE, POWERFUL, ADHESIVE, INQUISITIVE, MATURE, DISCREET, SCARED

A	D	H	E	S	I	V	E	L	U	F	D	I	W	Q	D	I	G	T
L	M	A	T	U	R	E	R	Y	F	O	I	H	M	G	I	N	Y	N
I	N	Q	U	I	S	I	T	I	V	E	F	A	L	O	S	S	J	E
F	I	R	S	T	S	Y	O	N	W	Q	F	L	X	D	C	I	V	B
M	O	T	J	Q	E	F	R	G	Z	B	E	T	S	L	R	D	O	U
Y	M	H	R	U	C	N	G	K	P	J	R	I	B	Y	E	I	F	L
Q	B	A	N	G	O	I	N	N	O	C	E	N	T	H	E	O	L	O
I	T	N	Z	U	N	I	K	S	A	D	N	G	H	E	T	U	V	U
O	P	K	Q	L	D	J	C	D	R	Y	T	J	K	E	T	S	N	S
V	M	F	Z	L	R	S	A	X	T	Z	W	A	I	T	I	N	G	I
K	Q	U	C	I	I	E	L	A	S	T	I	C	T	T	B	C	M	S
X	J	L	L	B	Q	B	C	A	S	P	I	R	I	N	G	R	E	T
Z	L	E	O	L	G	U	U	N	P	A	L	E	W	A	K	B	R	S
G	C	M	U	E	S	D	L	P	O	S	T	R	A	N	G	E	E	Z
L	H	G	D	J	Z	R	A	P	O	W	E	R	F	U	L	X	J	F
I	U	Q	Y	T	J	U	T	B	S	I	E	S	C	A	R	E	D	T
O	B	R	S	P	E	N	I	H	I	G	H	F	A	L	U	T	I	N
M	B	D	R	B	D	K	N	R	N	C	E	V	G	P	W	M	Q	H
N	Y	M	O	J	C	A	G	E	Y	R	Q	L	F	X	B	W	G	J

THANKFUL, STRANGE, WAITING, CAGEY, GODLY, NEBULOUS, GULLIBLE, CALCULATING, SECOND, ELASTIC, HALTING, LYING, MATURE, FIRST, PALE, HIGHFALUTIN, SCARED, ADHESIVE, INQUISITIVE, INNOCENT, INSIDIOUS, MERE, DISCREET, POWERFUL, DIFFERENT, CHUBBY, ASPIRING, CLOUDY, DRUNK, SAD

P C R N L N N C D N U **P** **O** **W** **E** **R** **F** **U** **L**
Q Q I **H** I L A R I O U S I L X R D I J
S Z **C** **A** L **C** U L A T I N **G** S Z F K H P
K A T N P B **A** **R** **O** **M** **A** **T** **I** **C** U P X O H
F V O V G G M Q **W** **A** **I** **T** **I** **N** **G** M S S R
T **H** **A** **N** **K** **F** **U** **L** D D O N I P C W E K E
B F X J N P D R D **R** L **G** **H** **I** **D** **E** **O** **U** **S**
H Z O **S** **C** **A** **R** **E** **D** Y O **R** A L T E M Q O
L Z **H** S C A G E Y H U A D M **G** I T C **G**
V R **I** A D I P P S X **T** N H O **U** D K A **O**
U **I** **G** D E R **A** Q D T **R** D E X **L** I P **S** **D**
D **N** **H** **D** L V **L** H O Y **A** I S T **L** O I **P** **L**
R N **F** I I Y **E** F Z S **G** O I H **I** T Y **I** **Y**
U O **A** S G F G **M** **A** **L** **E** S V M **B** I S **R** C
N C **L** **C** **H** **U** **B** **B** **Y** F O E E J **L** C A **I** L
K E **U** **R** T Y Y Y H H U N T C **E** V D **N** D
J **N** **T** **E** F W E B D Q **S** **M** **E** **R** **E** I O G L
T **T** **I** **E** **U** T W P G M A R Z **C** **O** **M** **M** **O** **N**
L K **N** **T** **L** N C **M** **A** **T** **U** **R** **E** Y E D X D M

GRANDIOSE, OUTRAGEOUS, ADHESIVE, CALCULATING, INNOCENT, DRY, HIDEOUS, MALE, DRUNK, COMMON, HILARIOUS, WAITING, IDIOTIC, GULLIBLE, SCARED, DELIGHTFUL, HIGHFALUTIN, THANKFUL, CAGEY, POWERFUL, ASPIRING, AROMATIC, GODLY, SAD, CHUBBY, PALE, MATURE, DISCREET, MERE

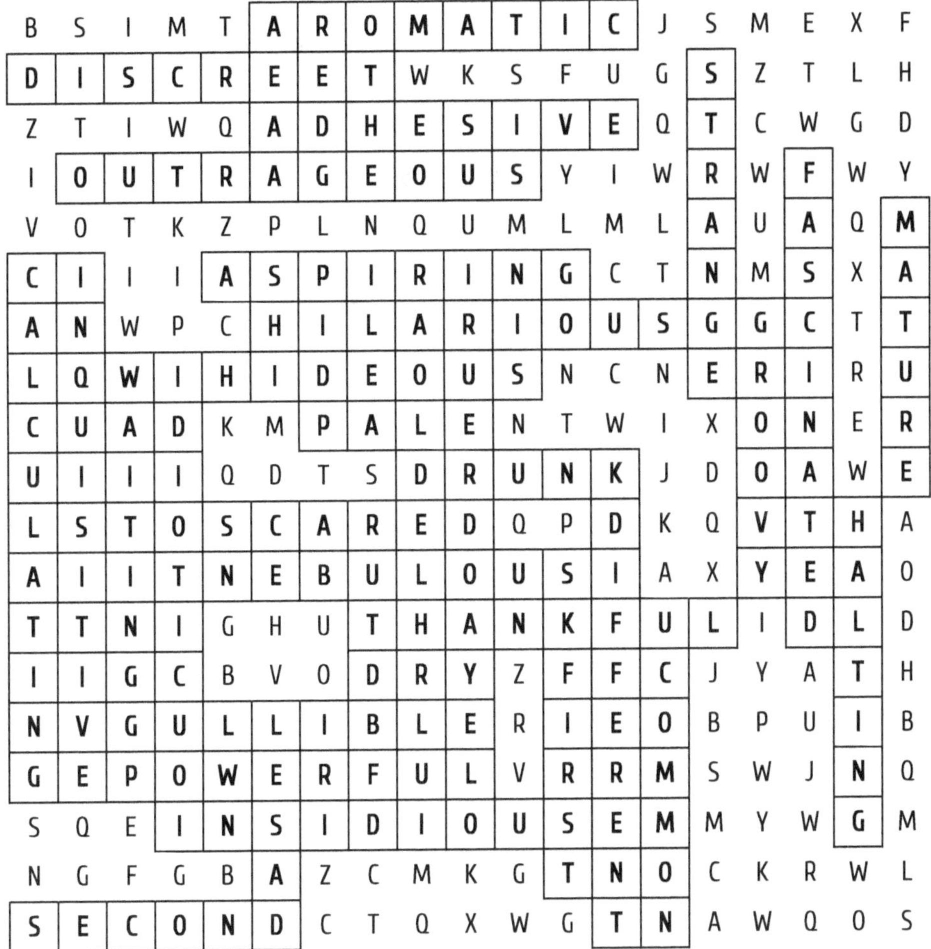

COMMON, SAD, WAITING, THANKFUL, DRUNK, HILARIOUS, INSIDIOUS,
DIFFERENT, ADHESIVE, STRANGE, AROMATIC, OUTRAGEOUS,
GULLIBLE, HIDEOUS, CALCULATING, NEBULOUS, HALTING, ASPIRING,
INQUISITIVE, FASCINATED, FIRST, PALE, SCARED, MATURE, IDIOTIC,
POWERFUL, DRY, SECOND, DISCREET, GROOVY

SAD, MATURE, SCARED, POWERFUL, HILARIOUS, GRANDIOSE,
THANKFUL, STRANGE, DISCREET, HANDSOMELY, ELASTIC, ASPIRING,
CLOUDY, GULLIBLE, MALE, CAGEY, INQUISITIVE, NEBULOUS,
AVAILABLE, GODLY, ADHESIVE, CHUBBY, DIFFERENT, INNOCENT,
MERE, FASCINATED, FIRST, HALTING

G	A	V	A	I	L	A	B	L	E	Q	I	E	J	J	V	Q	G	X
U	I	D	L	E	T	H	A	N	K	F	U	L	P	P	X	P	K	P
L	C	O	U	T	R	A	G	E	O	U	S	Z	R	N	Y	E	P	H
L	A	C	H	A	N	D	S	O	M	E	L	Y	G	P	X	I	L	F
I	Q	H	G	U	V	U	T	D	E	A	D	H	E	S	I	V	E	A
B	N	U	I	N	Q	U	I	S	I	T	I	V	E	F	P	M	K	S
L	J	B	L	S	D	S	J	H	P	A	G	N	X	O	G	X	A	C
E	T	B	R	V	R	E	D	I	F	F	E	R	E	N	T	V	S	I
M	X	Y	P	C	U	C	Q	L	F	L	H	Y	H	I	C	D	P	N
Z	K	Q	O	A	N	O	H	A	L	T	I	N	G	N	C	U	I	A
A	G	Z	W	L	K	N	M	R	S	C	C	Z	S	S	O	F	R	T
Z	N	D	E	C	M	D	M	I	T	A	J	X	A	I	W	C	I	E
M	E	C	R	U	F	Q	E	O	R	G	G	F	D	D	A	L	N	D
Q	B	V	F	L	H	J	R	U	A	E	L	G	R	I	I	O	G	C
V	U	I	U	A	U	D	E	S	N	Y	S	I	N	O	T	U	S	M
V	L	L	L	T	Z	H	R	S	G	P	A	L	E	U	I	D	B	R
X	O	Z	D	I	R	J	E	K	E	W	S	T	D	S	N	Y	E	B
F	U	K	W	N	K	E	Y	G	D	R	L	Y	I	N	G	N	K	G
O	S	W	V	G	G	R	A	N	D	I	O	S	E	E	E	S	X	N

GRANDIOSE, CHUBBY, HALTING, HANDSOMELY, CLOUDY, HILARIOUS, SAD, INQUISITIVE, CALCULATING, ASPIRING, POWERFUL, SECOND, DRUNK, MERE, INSIDIOUS, GULLIBLE, ADHESIVE, WAITING, OUTRAGEOUS, FASCINATED, STRANGE, DIFFERENT, THANKFUL, AVAILABLE, LYING, CAGEY, PALE, NEBULOUS

S	A	D	L	F	N	X	K	L	M	E	D	T	S	Q	C	T	M	F
T	T	G	U	L	L	I	B	L	E	L	R	U	C	E	H	C	L	E
S	T	R	A	N	G	E	Q	D	F	A	Y	C	A	I	U	F	I	J
D	E	L	I	G	H	T	F	U	L	S	L	K	R	C	B	I	F	F
T	M	J	Q	I	A	N	G	W	I	T	N	S	E	T	B	M	J	G
I	O	L	M	A	S	E	R	L	P	I	L	H	D	O	Y	J	D	Q
N	D	Z	T	W	P	B	O	C	Y	C	U	U	G	L	B	N	J	G
N	L	N	P	J	I	U	O	L	I	N	S	I	D	I	O	U	S	T
O	T	W	A	J	R	L	V	O	G	O	D	L	Y	I	B	C	G	M
C	D	W	L	R	I	O	Y	U	W	U	S	M	R	Z	S	A	R	H
E	I	P	E	O	N	U	Q	D	O	C	O	M	M	O	N	L	A	I
N	F	Y	J	V	G	S	T	Y	D	R	U	N	K	H	S	C	N	L
T	F	A	S	C	I	N	A	T	E	D	Y	C	T	D	P	U	D	A
C	E	Z	C	J	A	P	O	W	E	R	F	U	L	F	B	L	I	R
A	R	O	M	A	T	I	C	Z	G	J	M	I	P	C	I	A	O	I
Q	E	B	M	I	N	Q	U	I	S	I	T	I	V	E	T	T	S	O
W	N	A	Y	I	H	I	G	H	F	A	L	U	T	I	N	I	E	U
A	T	D	K	U	F	K	H	A	L	T	I	N	G	V	K	N	A	S
C	D	M	N	A	W	A	I	T	I	N	G	M	R	U	K	G	H	Q

PALE, INSIDIOUS, AROMATIC, FASCINATED, SAD, GRANDIOSE, GROOVY, ELASTIC, DELIGHTFUL, GODLY, CHUBBY, DRY, GULLIBLE, ASPIRING, POWERFUL, NEBULOUS, SCARED, BAD, DIFFERENT, STRANGE, CLOUDY, HILARIOUS, HIGHFALUTIN, WAITING, INNOCENT, HALTING, INQUISITIVE, DRUNK, CALCULATING, COMMON

L P C P L T W **C A L C U L A T I N G** A
Z F J J X **A** V **A** I L **A** B L E Q H **G** D B
S W B R U I K L Z R **T H A N K F U L** T
X V N A U U S L **M A T U R E** Y O L R L
W S E **F A** S C I **N A** T E D B **A** M L P M
Q Q O C D **F C O M M O N** I U R G I C D
J T B A E I O E Y L Z B **N** L O J **B** P V
P B **O U T R A G E O U S** S O **M** L **L** H X
K Z P **W A S P A L E** D P I U A F **E** G I
S A D A D T N R F R X X **D S T** X B Z M
G Z C I H H Q N **I N Q U I S I T I V E**
A P L T E I D **I O T I C** O O C N P Q R
S O O I S **H I L A R I O U S** E W U B L
P W U N I S X B T T G F **S T R A N G E**
I E D G V R A S J E K J O **C H U B B Y**
R R Y E E M B Y T **M** S K X X P K N B **M**
I F Z F **C A G E Y** E F V V Y R J L M **A**
N U P G A C U Z T R T **S C A R E D** X **L**
G L D I S **G U S T E D** C H O W X E F **E**

INSIDIOUS, FIRST, CAGEY, MALE, POWERFUL, WAITING, CLOUDY,
AVAILABLE, CALCULATING, MERE, HILARIOUS, INQUISITIVE, IDIOTIC,
OUTRAGEOUS, ADHESIVE, PALE, CHUBBY, SCARED, GULLIBLE,
THANKFUL, SAD, MATURE, ASPIRING, STRANGE, FASCINATED,
COMMON, NEBULOUS, AROMATIC, DISGUSTED

Z G V T G H I G H F A L U T I N H T X

R W R F W A D H E S I V E P S I N S I

O U N F A L T W W D I S C R E E T N K

B S I Y N B T D N I R T L D R U N K J

G T L O E I N Q U I S I T I V E S N H

V R N G B I N N O C E N T Q A Q Q M I

S A D K U H S Z P P C R I D P U F W L

K N E G L A A Q O A M I D I O T I C A

Q G L O O L I U D L A U S G M W M A R

P E A D U T Z R O E T J Z U E O A V I

N U S L S I E P H B U G J L R K L A O

B Y T Y E N P O W E R F U L E Q E I U

T Z I B M G F P G W E L Y I N G H L S

C I C Y H I D E O U S C S B Z J F A P

H T W A I T I N G U W A Z L I G C B H

U A S P I R I N G D L G O E V R X L K

B G J X D K D H L U G E F N Y Q B E Y

B T T D J E P E R B U Y S P G C V G G

Y N Y U V J J A J C L O U D Y B R G Q

DISCREET, HILARIOUS, HIDEOUS, NEBULOUS, INNOCENT, MERE,
POWERFUL, CHUBBY, CAGEY, MALE, PALE, DRUNK, LYING, GODLY,
HIGHFALUTIN, INQUISITIVE, STRANGE, HALTING, IDIOTIC, ASPIRING,
SAD, WAITING, ELASTIC, CLOUDY, ADHESIVE, AVAILABLE, MATURE,
GULLIBLE

H	A	L	T	I	N	G	J	W	K	E	S	D	Y	C	A	W	O	E
F	D	A	L	G	R	A	N	D	I	O	S	E	M	F	Y	G	M	E
I	H	P	H	G	P	C	A	L	C	U	L	A	T	I	N	G	Q	L
Y	E	O	N	N	G	A	X	Z	H	N	E	B	U	L	O	U	S	A
U	S	W	Y	I	T	I	N	S	I	D	I	O	U	S	S	E	T	S
W	I	E	Y	A	I	N	Q	U	I	S	I	T	I	V	E	U	K	T
S	V	R	R	A	Y	A	V	S	E	C	O	N	D	E	N	F	X	I
P	E	F	W	V	A	L	F	P	Q	M	A	L	E	N	K	F	U	C
O	L	U	L	A	W	I	H	A	S	T	R	A	N	G	E	P	R	M
U	V	L	D	I	V	G	I	L	J	G	P	Q	C	O	M	M	O	N
T	F	T	I	L	F	D	L	E	M	C	F	I	R	S	T	Y	D	T
R	H	J	F	A	I	I	A	R	O	M	A	T	I	C	C	S	I	S
A	G	G	F	B	N	S	R	Q	I	D	I	O	T	I	C	C	S	M
G	Y	O	E	L	N	C	I	O	C	L	O	U	D	Y	C	A	G	L
E	T	M	R	E	O	R	O	H	S	D	S	A	D	V	X	R	U	P
O	C	R	E	Y	C	E	U	F	D	R	D	F	U	P	E	E	S	S
U	S	V	N	W	E	E	S	B	M	U	A	Q	U	T	F	D	T	R
S	U	G	T	C	N	T	L	M	G	N	V	M	A	T	U	R	E	S
E	R	V	M	Q	T	X	V	A	K	K	F	G	O	D	L	Y	D	N

DIFFERENT, POWERFUL, DRUNK, INSIDIOUS, GRANDIOSE,
OUTRAGEOUS, PALE, NEBULOUS, SCARED, HALTING, DISCREET,
SECOND, INQUISITIVE, AROMATIC, IDIOTIC, ELASTIC, MALE,
STRANGE, INNOCENT, COMMON, SAD, ADHESIVE, DISGUSTED, FIRST,
HILARIOUS, CLOUDY, AVAILABLE, GODLY, MATURE, CALCULATING

M	V	W	E	O	G	V	I	F	A	S	C	I	N	A	T	E	D	W
F	E	I	N	N	O	C	E	N	T	J	E	F	F	S	H	U	L	A
G	D	M	Q	Y	Y	R	B	G	R	D	R	U	N	K	Z	W	E	I
E	C	T	P	O	W	E	R	F	U	L	H	D	C	D	N	C	I	T
J	G	O	U	T	R	A	G	E	O	U	S	I	O	I	S	X	L	I
Q	U	I	N	S	I	D	I	O	U	S	N	S	S	F	S	X	Z	N
O	J	V	S	O	R	I	D	I	O	T	I	C	G	F	T	M	T	G
W	T	A	J	A	V	M	A	L	E	U	I	R	Z	E	R	E	R	O
Y	N	C	Z	S	A	D	H	H	G	H	M	E	Q	R	A	R	F	F
V	P	H	A	T	J	T	I	I	U	F	U	E	E	E	N	E	G	H
W	Z	U	V	P	J	Y	L	G	L	P	C	T	D	N	G	J	O	P
S	M	B	A	A	Y	D	A	H	L	L	A	U	Z	T	E	C	D	M
R	A	B	I	L	A	U	R	F	I	Y	S	F	I	R	S	T	L	D
P	T	Y	L	E	T	N	I	A	B	I	P	C	A	G	E	Y	Y	K
R	U	V	A	P	H	O	L	L	N	I	U	W	I	J	I	G	H
W	R	F	B	D	Z	B	U	U	E	G	R	A	N	D	I	O	S	E
V	E	Z	L	K	I	Q	S	T	X	I	I	H	A	L	T	I	N	G
F	I	G	E	L	Q	X	C	I	H	A	N	D	S	O	M	E	L	Y
V	H	S	C	A	R	E	D	N	R	Y	G	H	N	M	E	L	D	S

IDIOTIC, INNOCENT, DISCREET, HIGHFALUTIN, MALE, SCARED,
POWERFUL, CHUBBY, MERE, HILARIOUS, MATURE, AVAILABLE,
HALTING, ASPIRING, STRANGE, DRUNK, OUTRAGEOUS, GRANDIOSE,
INSIDIOUS, CAGEY, WAITING, PALE, FASCINATED, GULLIBLE,
HANDSOMELY, GODLY, DIFFERENT, FIRST, LYING, SAD

L	A	B	**A**	**S**	**P**	**I**	**R**	**I**	**N**	**G**	E	O	W	N	R	J	X	R
C	**G**	P	D	**A**	**D**	**H**	**E**	**S**	**I**	**V**	**E**	O	V	C	I	P	N	Q
U	**R**	Y	F	**D**	B	Q	Z	I	Z	M	**P**	**O**	**W**	**E**	**R**	**F**	**U**	**L**
I	**A**	G	J	**R**	D	Y	F	X	F	Z	H	U	W	V	**S**	**A**	**D**	G
K	**N**	U	S	**Y**	I	**C**	**O**	**M**	**M**	**O**	**N**	K	E	N	K	I	E	Y
T	**D**	Z	**S**	H	F	W	X	**I**	**D**	**I**	**O**	**T**	**I**	**C**	Q	N	Q	O
W	**I**	T	**T**	Y	F	B	V	E	F	Z	U	N	**S**	**C**	**A**	**R**	**E**	**D**
Z	**O**	G	**R**	W	E	X	H	U	Y	Z	**H**	**A**	**L**	**T**	**I**	**N**	**G**	Q
B	**S**	S	**A**	D	R	J	H	X	V	R	K	W	**P**	**A**	**L**	**E**	**A**	I
M	**E**	Y	**N**	Z	E	S	S	D	**E**	**L**	**A**	**S**	**T**	**I**	**C**	**H**	**W**	**N**
C	Z	K	**G**	T	**N**	V	L	A	**I**	**G**	**R**	**O**	**O**	**V**	**Y**	**I**	**A**	**S**
H	E	Q	**E**	W	**T**	W	X	M	**N**	**C**	**L**	**Y**	**I**	**N**	**G**	L	**I**	**I**
U	**T**	**H**	**A**	**N**	**K**	**F**	**U**	**L**	**N**	P	R	F	A	J	W	**A**	**T**	**D**
B	X	**S**	**C**	**L**	**O**	**U**	**D**	**Y**	**O**	Y	U	L	I	M	G	**R**	**I**	**I**
B	**G**	**U**	**L**	**L**	**I**	**B**	**L**	**E**	**C**	J	N	X	C	F	**I**	**N**	**O**
Y	C	Z	I	U	L	**H**	**I**	**D**	**E**	**O**	**U**	**S**	R	C	O	**O**	**G**	**U**
C	**A**	**L**	**C**	**U**	**L**	**A**	**T**	**I**	**N**	**G**	C	O	T	A	Z	**U**	**R**	**S**
G	**D**	**I**	**S**	**C**	**R**	**E**	**E**	**T**	T	V	G	T	M	H	H	**S**	Q	Z
M	D	O	Y	N	L	G	S	Y	**G**	**O**	**D**	**L**	**Y**	Q	A	M	V	B

STRANGE, HALTING, DIFFERENT, HILARIOUS, GODLY, WAITING, CHUBBY, COMMON, ELASTIC, INNOCENT, IDIOTIC, PALE, THANKFUL, HIDEOUS, CLOUDY, SAD, DRY, GROOVY, CALCULATING, ASPIRING, GRANDIOSE, SCARED, POWERFUL, ADHESIVE, GULLIBLE, DISCREET, INSIDIOUS, LYING

I C S **L** **S** I P O A N J P I **M** **A** **L** **E** G **A**
D Q U **Y** **E** S N Q C Y K **C** **O** **M** **M** **O** **N** P **S**
O R B **I** **C** **D** A I T **T** **A** **R** **O** **M** **A** **T** **I** **C** **P**
X I **S** **N** **O** **R** H T M **H** R **D** A L **D** H F **D** **I**
L O **A** **G** **N** **Y** P T N **A** U **I** **E** I **I** W G E **R**
C R D Q D P A L E N O **S** **L** G **F** **A** **R** **L** **I**
G **P** **O** **W** **E** **R** **F** **U** **L** K V **C** **A** K **F** **I** **A** **I** **N**
O **M** **A** **T** **U** **R** **E** H P F J **R** **S** D **E** **T** **N** **G** **G**
D M **C** **L** **O** **U** **D** **Y** R U L **E** **T** X **R** **I** **D** **H** P
L **S** **C** **A** **R** **E** **D** H **A** L B **E** **I** I **E** **N** **I** **T** G
Y P Q E B C Q V **D** Z E **T** **C** S **N** **G** **O** **F** V
N **E** **B** **U** **L** **O** **U** **S** L E M Z Z **T** D **S** **U** W
Y **H** **A** **L** **T** **I** **N** **G** **E** D M C B Z M U **E** **L** V
N F B M X S K H **S** I **D** I **O** T I **C** I Q Z
L G K U D E W D **I** **N** **Q** **U** **I** **S** **I** **T** **I** **V** **E**
L V I C T N I Z **V** **I** **N** **S** **I** **D** **I** **O** **U** **S** O
V **H** **A** **N** **D** **S** **O** **M** **E** **L** **Y** L U U K T O T D
D P W I M **H** **I** **L** **A** **R** **I** **O** **U** **S** J O Z Y T
J C U C Y N J X **F** **A** **S** **C** **I** **N** **A** **T** **E** **D** Y

ELASTIC, HILARIOUS, POWERFUL, THANKFUL, ADHESIVE, INQUISITIVE, IDIOTIC, GRANDIOSE, MATURE, AROMATIC, HALTING, SECOND, FASCINATED, DIFFERENT, WAITING, COMMON, DISCREET, NEBULOUS, SCARED, LYING, SAD, DELIGHTFUL, ASPIRING, CLOUDY, DRY, INSIDIOUS, GODLY, MALE, PALE, HANDSOMELY

```
W L T H A N K F U L Y W V R W X Q Q C
P T F N E B U L O U S Z Y F A H W M C
P N L K Y I N N O C E N T Y I I A D P
E S L L I Y G U L L I B L E T L R C O
R H A N D S O M E L Y A P D I A O H W
H A Z F I R S T A T Y Z M I N R M U E
F I L F A S C I N A T E D Y G I A B R
Q U Y E D S H D I S C R E E T O T B F
Y E I O H E K E H I D E O U S U I Y U
H F N U E C Y E L A S T I C O S C P L
E S G T S O R L D I S G U S T E D F E
D S I R I N R T R H D I F F E R E N T
R C W A V D V C L O U D Y U V Q H R X
Y A K G E V M E I N S I D I O U S J A
M R A E J S T J L G G R A N D I O S E
Q E J O B I N Q U I S I T I V E V L H
L D P U X M C A G E Y T Q X E K A J D
S M Q S K G W E X V D T I M A L E F Q
B G M Y V S I T Y C S T R A N G E D Z
```

GRANDIOSE, DRY, SECOND, ELASTIC, CAGEY, CHUBBY, INQUISITIVE, FIRST, HIDEOUS, THANKFUL, OUTRAGEOUS, ADHESIVE, CLOUDY, AROMATIC, DISCREET, HILARIOUS, STRANGE, DIFFERENT, MALE, LYING, INNOCENT, WAITING, GULLIBLE, POWERFUL, FASCINATED, HANDSOMELY, DISGUSTED, NEBULOUS, INSIDIOUS, SCARED

O S G C D S Y P **C A G E Y** O Z **H G** E Z

F R E R I O **D I S C R E E T** I **I R** O W

W **A** S P I R I N G Z G Q O O Q N **L A G** Q

H A N D S O M E L Y G C H W N **A N U** L

X C **D I F F E R E N T** U M S Z **R D L** M

K **I N Q U I S I T I V E** V T K **I I L** O

Z **A** W D W **E L A S T I C** B F C **O O I** T

F **D** K M V D K **M A T U R E** J J **U S B** R

I **H** W U **O U T R A G E O U S** L **S E L** S

T **E** T N D P **P** Z **N E B U L O U S** J **E** T

L **S** W B **P** R **A** T E S T C **D R U N K** K **R**

X **I** M G **O** D L **Y** S X A **W** Y K B L A I **A**

D **V A** G **W M E R E** L J **A** B Z D X P N **N**

C E L D **E** Q C V **C** S F **I F I R S T** M **G**

L M **E** J **R** K Y H **O** X Z **T** U F I R A O **E**

O P U H **F** Q F Z **N** V J **I** L E M G B A X

U F L P **U** V A V **D** O **I N S I D I O U S**

D A Y H **L H A L T I N G** K M S N I M M

Y W O U E V Q **H I G H F A L U T I N** Z

MATURE, WAITING, POWERFUL, INQUISITIVE, HIGHFALUTIN, GULLIBLE, FIRST, MALE, DRUNK, DISCREET, PALE, CAGEY, ADHESIVE, MERE, HILARIOUS, NEBULOUS, GODLY, STRANGE, HANDSOMELY, DIFFERENT, ASPIRING, GRANDIOSE, CLOUDY, SECOND, HALTING, ELASTIC, INSIDIOUS, OUTRAGEOUS

D H G J L Y A O Z W I N S I D I O U S
S H X D L Y I N G G J S U J H P U I H
G A M D R X D I S C R E E T S Z T N A
Z R W H I D E O U S H Z A B Z C R N N
L G B B J A S P I R I N G W P H A O D
V X Q J I X F U S N D V G S Z U G C S
O Z V M N M I N T D I A R I I B E E O
R H V R Q P R A R O F D A D U B O N M
M E R E U A S E A M F H N T A Y U T E
J H K F I L T L N A E E D E X Y S D L
H T Y F S E E A G L R S I Z G O D L Y
G H D M I P T S E E E I O R U X I N P
Z A R B T C W T T O N V S Q Y F R Q S
P N U J I E Z I Z Q T E E D S A D C C
A K N Y V P H C A V A I L A B L E V L
V F K H E R J P G I S C A R E D A R W
X U S V V D S C A L C U L A T I N G M
Q L A H A L T I N G T C E M D H N J H
N E B U L O U S L H T U N L P E W H B

HALTING, THANKFUL, DISCREET, GRANDIOSE, ELASTIC, NEBULOUS,
CALCULATING, STRANGE, INQUISITIVE, ASPIRING, PALE, GODLY,
LYING, AVAILABLE, ADHESIVE, INSIDIOUS, FIRST, HANDSOMELY,
SCARED, SAD, OUTRAGEOUS, MALE, DRUNK, INNOCENT, CHUBBY,
HIDEOUS, MERE, DIFFERENT

M	C	Z	I	N	Q	U	I	S	I	T	I	V	E	F	E	Q	N	N
A	O	S	H	K	V	N	S	E	C	O	N	D	S	V	P	Q	P	F
T	T	V	I	V	A	E	A	D	H	E	S	I	V	E	H	Q	K	L
U	X	U	G	P	Z	B	C	Z	L	Y	I	N	G	V	D	B	X	N
R	B	P	H	E	U	U	L	V	M	M	W	U	W	J	D	X	X	I
E	Q	S	F	L	H	L	O	R	Q	A	P	O	W	E	R	F	U	L
D	D	T	A	A	D	O	U	C	N	L	F	F	F	T	U	C	O	W
B	R	H	L	S	S	U	D	U	H	E	E	I	N	R	N	Y	M	C
Y	S	A	U	T	G	S	Y	K	M	U	E	R	B	O	K	R	H	L
W	C	N	T	I	D	I	O	T	I	C	L	S	O	X	G	D	I	H
C	H	K	I	C	S	U	D	X	I	I	K	T	L	N	P	Y	L	A
S	M	F	N	S	T	G	O	D	L	Y	Z	G	R	R	W	I	A	L
V	E	U	G	Y	R	O	U	T	R	A	G	E	O	U	S	N	R	T
J	R	L	G	R	A	N	D	I	O	S	E	I	S	U	A	N	I	I
L	E	A	T	I	N	C	H	U	B	B	Y	D	A	B	S	O	O	N
W	H	N	A	I	G	L	C	A	G	E	Y	J	D	Q	Z	C	U	G
F	W	V	G	B	E	B	A	D	I	S	C	R	E	E	T	E	S	H
F	F	A	S	C	I	N	A	T	E	D	J	Z	Y	D	D	N	C	Q
X	Y	H	A	N	D	S	O	M	E	L	Y	A	T	K	I	T	O	J

DISCREET, FIRST, SAD, INQUISITIVE, HALTING, THANKFUL, STRANGE, INNOCENT, HIGHFALUTIN, OUTRAGEOUS, IDIOTIC, MALE, POWERFUL, DRUNK, HANDSOMELY, CAGEY, CHUBBY, ADHESIVE, GODLY, MATURE, HILARIOUS, NEBULOUS, ELASTIC, MERE, CLOUDY, FASCINATED, SECOND, LYING, GRANDIOSE

R G Y G **H** **A** **L** **T** **I** **N** **G** J B Z K Y H S **S**
I **R** **D** **I** **S** **C** **R** **E** **E** **T** J D V M G Z O J **T**
N **A** C X I **C** Q J L B M I R J **B** **A** **D** D **R**
Q **N** C T P **A** A K **T** **H** **A** **N** **K** **F** **U** **L** W Q **A**
U **D** B G L **L** J X B R **D** **R** **U** **N** **K** V S Z **N**
I **I** U E I **C** **I** **N** **N** **O** **C** **E** **N** **T** Q P F Z **G**
S **O** V M S **U** M Y W L **A** **V** **A** **I** **L** **A** **B** **L** **E**
I **S** L **D** **E** **L** **I** **G** **H** **T** **F** **U** **L** F S I W U Q
T **E** G P T **A** V D **C** **A** **D** **E** **R** **A** **N** **G** **E** **D** X
I G **K** **N** **O** **T** **T** **Y** O **S** **C** O Y S N Z **A** Y Y
V V N A W **I** C D **M** P **A** **U** S **C** **G** S **C** I N
E W Q C D **N** G P **M** **I** **G** **T** B **I** **O** F **I** O L
Q **M** **A** **L** **E** **G** T A **O** **R** **E** **R** **S** **N** D Z **D** N Y
H V D C M U I W **N** **I** **Y** **A** **C** **A** **L** E **S** **A** **D**
G **W** **A** **I** **T** **I** **N** **G** V **N** F **G** **A** **T** **Y** P J L X
D D S C E J W M V **G** K **E** **R** **E** **D** **R** **Y** A G
X **H** **I** **L** **A** **R** **I** **O** **U** **S** R O **E** D M E J S B
H **I** **G** **H** **F** **A** **L** **U** **T** **I** **N** U D U P U O O R
L L **H** **I** **D** **E** **O** **U** **S** L L **S** A D W A O B H

DISCREET, COMMON, FASCINATED, DELIGHTFUL, SCARED,
HILARIOUS, CALCULATING, DRY, SAD, DRUNK, AVAILABLE,
DERANGED, HALTING, OUTRAGEOUS, WAITING, ASPIRING, INNOCENT,
STRANGE, CAGEY, HIDEOUS, HIGHFALUTIN, THANKFUL, MALE,
KNOTTY, GRANDIOSE, BAD, INQUISITIVE, ACID, GODLY

D N N **G R A N D I O S E** H U X U V B S

J O X Z V M M K M D **O T H A N K F U L**

A D H E S I V E N Y U U I V H S O Q D

V F T C D I D D E H T P G C F **M A L E**

P A L E T C R I B I R T H L I S Q L I

S E C O N D Y S U D A W F O F C I S Z

E C H U B B Y G L E G T A U X A N E C

C A G E Y G B U O O E H L D K R N R X

H A L T I N G S U U O Y U Y N E O P N

S V G Z B R N T S S U K T R J D C J V

U A Q O T A C E **F A S C I N A T E D** J

M I O I I Z M D X S N J N F I M N Z L

W L E **M** B **S T R A N G E** Q O D U T S Y

A **A** S E H U J G R I N E S **F I R S T** I

C **B** D **R** W Q **A S P I R I N G** O H R T **N**

H **L** L **E** H Z O **W A I T I N G** T I K I **G**

I **E** P H H Q **M A T U R E** V K I A U U B

E M S Z L **P O W E R F U L** Q C D K C X

N T S **H I L A R I O U S** Z C O R U B O

NEBULOUS, DISGUSTED, FASCINATED, MALE, STRANGE, WAITING, AVAILABLE, HIGHFALUTIN, FIRST, DRY, ASPIRING, HALTING, ADHESIVE, INNOCENT, MERE, SECOND, GRANDIOSE, MATURE, THANKFUL, LYING, CLOUDY, POWERFUL, IDIOTIC, CAGEY, HILARIOUS, PALE, OUTRAGEOUS, SCARED, HIDEOUS, CHUBBY

O	**D**	J	T	Q	V	W	C	I	M	**I**	**N**	**N**	**O**	**C**	**E**	**N**	**T**	B
H	**I**	**L**	**A**	**R**	**I**	**O**	**U**	**S**	N	S	Y	U	Q	E	G	M	M	D
O	**F**	G	W	**D**	**I**	**S**	**C**	**R**	**E**	**E**	**T**	O	I	T	I	Y	I	P
U	**F**	K	F	S	H	J	O	R	E	C	J	G	J	**M**	**E**	**R**	**E**	K
T	**E**	Q	O	K	A	**D**	**R**	**U**	**N**	**K**	H	O	G	P	L	A	L	Y
R	**R**	W	N	L	S	I	**D**	**I**	**S**	**G**	**U**	**S**	**T**	**E**	**D**	G	R	A
A	**E**	O	C	**I**	**D**	**I**	**O**	**T**	**I**	**C**	J	M	S	T	V	K	**S**	A
G	**N**	U	**A**	**S**	**P**	**I**	**R**	**I**	**N**	**G**	E	B	W	V	H	E	**C**	T
E	**T**	Z	G	U	B	**I**	**N**	**Q**	**U**	**I**	**S**	**I**	**T**	**I**	**V**	**E**	**A**	C
O	G	**G**	**R**	**A**	**N**	**D**	**I**	**O**	**S**	**E**	C	**E**	Z	C	U	H	**R**	A
U	O	D	T	V	Q	V	C	**D**	**R**	**Y**	M	**L**	T	S	**C**	X	**E**	G
S	**F**	**A**	**S**	**C**	**I**	**N**	**A**	**T**	**E**	**D**	D	**A**	O	M	**L**	I	**D**	E
F	**I**	**R**	**S**	**T**	I	E	P	C	**M**	S	T	**S**	F	A	**O**	J	J	**Y**
T	J	**P**	Z	Q	D	**B**	M	T	**A**	E	C	**T**	N	W	**U**	H	P	E
R	T	**A**	H	F	S	**U**	M	D	**T**	C	F	**I**	F	S	**D**	U	I	M
Q	K	**L**	V	L	N	**L**	G	M	**U**	O	U	**C**	N	D	**Y**	A	V	H
W	W	**E**	Y	W	Y	**O**	Z	M	**R**	N	**H**	**A**	**L**	**T**	**I**	**N**	**G**	D
O	N	U	Q	A	P	**U**	A	J	**E**	D	**A**	**D**	**H**	**E**	**S**	**I**	**V**	**E**
O	U	R	H	F	O	**S**	G	Q	**P**	**O**	**W**	**E**	**R**	**F**	**U**	**L**	T	R

CAGEY, DRY, ASPIRING, DISGUSTED, PALE, NEBULOUS, DRUNK, HILARIOUS, SECOND, CLOUDY, MERE, INQUISITIVE, FIRST, ADHESIVE, IDIOTIC, INNOCENT, DIFFERENT, SCARED, HALTING, DISCREET, ELASTIC, GRANDIOSE, POWERFUL, OUTRAGEOUS, FASCINATED, MATURE

www.ingramcontent.com/pod-product-compliance
Lightning Source LLC
Chambersburg PA
CBHW050648250726
48662CB00002B/553